U0024216

樂透寶典——

數字易經

揭開深藏數千年的「易經八卦版路」，從此以後，家喻戶曉。

編著者　鄧保夫

自序

中華民族文化之根──易經，原來有三部，第一部為夏朝的《連山》，第二部為商朝的《歸藏》，第三部則為周朝的《周易》，因前兩部已失傳，所以，從周朝迄今，都以《周易》來代表《易經》，乃古代儒者必修課程，它是由四大聖人伏羲、文王、周公、孔子合著而成的一部不朽作品，它歷經難以計數的朝代更迭，但均不改其原貌，歷代理學家、哲學家等學者，都有自己的著作問世，但大多離不開「象」、「數」、「理」三個領域。

在歷代學者中，專攻「數」的領域者，筆者首推宋朝哲學家邵雍（字堯夫，諡康節）先生，他所著作的《皇極經世》及《梅花易數》二書，均流傳至今而不墜，可見其研易功力之強，尤其《梅花易數》一書，最為膾炙人口，而且流傳民間非常深遠，另外一書《皇極經世》，因非常深奧難懂，能夠消化吸收者，可說是鳳毛麟角。

在古代因為科學不發達，加上通訊不方便，所以，沒有像現代那樣可以用電視、報章雜誌傳達訊息的「數字遊戲」，如樂透、六合彩等是，不然的話，像邵雍先生那種研易功夫極強的人，怎會錯過使用《易經》來拖牌的機會呢！筆者有鑑於此，才敢斗膽地把自己也推入「數」的領域裡面去探索，找尋《易經》與「數字遊戲」相關的版路，結果，發現《周易》裡面，可以找到與數字遊戲互動的「數字軌道」，於是，筆者將這些軌道作一規律性的整理，附在《周易》六十四卦，每一個六爻卦的後面，總稱為「易經八卦版路」，專用來拖牌。

該「易經八卦版路」，全部都是用「數字」串聯而成，其源頭來自《周易》，另外，筆者多加入一些拖牌理論、方法與實例驗證資料，合編成為一部新書，並命名為《數字易經》，其詳細內容，敬請各方易經高手，不吝指教，謝謝！

編著者 **鄧保夫** 謹上

公元二〇〇五年

於台南

目錄

一、前言

自古以來，《易經》始終被推崇為儒家經典之首，乃屬儒者必修課程，大多數文人均視它為「哲學」經典，但因《易經》乃源自上古未發明文字的伏羲氏時期，當時先聖伏羲氏所畫出的「八卦」符號，只是用來「紀事」與「卜筮」而已，所以《易經》才能逃過秦始皇「焚書坑儒」的災難，也讓它能夠遺留千古、放之四海而皆準。

筆者鑑於《易經》只是流傳於文人墨客，以及江湖術士之間，很難普及世人、深入民間而發揚光大，窮究其因，才發現到它深奧難懂，而且難以溶入一般社會大眾的日常生活當中所致，於是，筆者絞盡腦汁、專心鑽研「樂透」等「數字遊戲」與《易經》是否有著關聯性及互動性存在，結果，發現它們相互間密不可分，凡是易經所隱含的「數字」，從古至今從未改變，幾乎成為「定數」，頗有玄機，也就是說，將《易經》轉化成為「數字」時，它竟然能夠跟隨著樂透（包括香港六合彩，以及台灣的樂合彩在內）的開獎號碼產生互動而起舞，自然而然地形成為「拖牌」軌道，因它具有「穩定性」，而且永久不變，若用現代流行的字眼「版路」來稱呼它，並不過份，筆者通稱它為「易經八卦版路」（請讀者翻閱本書第四章第（六）項內容，自能了然於胸）。

因筆者未從「哲學」及「卜筮」的角度來看《易經》，而是從「數字」的角度切入，也就是說，筆者是用「數字」來詮釋《易經》，使它數字化，於是才有《數字易經》的創作，只要讀者用心去體會，久而久之，自然能融會貫通、得心應手，如果再加上個人運氣的配合，想要中大獎有如探囊取物，希望讀者們好自為之。

本書中，所稱的「小樂透」相關開獎號碼，仍有參考價值，凡是涉及「拖牌」方法，或其他論述時，只要將「小」樂透，改稱為「迷你」樂透即可。

台北銀行從民國九十四年元月廿五日（週二）起，將最大碼為「42」號的玩法，改為「38」號為最大碼，並將名稱改成「樂透彩」三個字。事實上，「樂透彩」之名，應屬於「通稱」，亦即它包括大樂透、小樂透，以及以「37」或「38」或「39」碼作為最大碼的迷你樂透在內，目前，不論台北銀行如何稱呼，筆者為了解說方便起見，只好將最大碼「38」號的玩法，稱呼為「迷你樂透」（其實，該名稱在「38」號為最大碼之玩法實施前，就已在各報章雜誌的新聞資料裡面出現過），以示區別（請參閱附註）。

※附註：本書完稿時，正逢台北銀行計劃推出「迷你」樂透，用來代替發行三年的「小樂透」，筆者認為《數字易經》內的數目字，已潛藏數千年而不變，故而「迷你樂透」內的開獎號碼，仍然可以適用，讀者可從本書各章節的論述與範例中，獲得印証。

二、《易經》簡介及《周易》的由來

(一)《易經》簡介

中華民族的祖先，先聖先賢伏羲氏使用「⚊」符號，稱為「陽爻」，用來代表「天」；使用「⚋」符號，稱為「陰爻」，用來代表「地」，然後使用三個爻，互相重疊成為八個「三爻卦」，用來代表天地宇宙萬物的八大類，這些用三個爻所組成的符號，總共只有八個，通稱為「八卦」，為了將來與「六爻卦」相區別，八卦中的每一個「三爻卦」，又可叫做「單卦」。

該八個單卦，由伏羲氏所排列成的順序，其「八卦」，叫做「先天八卦」，本書《數字易經》所詮釋的「八卦版路」，就是使用它做為根基，茲列述如后：

第一卦，卦形為「☰」，代表「天」，其數為「1」，叫乾卦。

第二卦，卦形為「☱」，代表「澤」，其數為「2」，叫兌卦。

第三卦，卦形為「☲」，代表「火」，其數為「3」，叫離卦。

第四卦，卦形為「☳」，代表「雷」，其數為「4」，叫震卦。

第五卦，卦形為「☴」，代表「風」，其數為「5」，叫巽卦。

第六卦，卦形為「☵」，代表「水」，其數為「６」，叫坎卦。

第七卦，卦形為「☶」，代表「山」，其數為「７」，叫艮卦。

第八卦，卦形為「☷」，代表「地」，其數為「８」，叫坤卦。

上述「八卦」只有「１」數至「８」數，獨缺「９」數及「０」數，幸好它只是《易經》的根基而已，真正實用的部份，乃是由它們兩個兩個互相重疊而成的六爻卦（叫做「重卦」），總共可以組合成六十四個「重卦」。

這些才是整部《易經》的重心所在，亦即「精髓」是也，有關「９」數及「０」數，互相關聯的號碼盡在其中，如此，整部《數字易經》就涵蓋了由０１２３４５６７８９等十個阿拉伯數字，所構成的數碼，亦即由「０１」數，至「１００」數（遊戲時均用「００」來代表），都不會缺少任何一個數目。

（二）《周易》的由來

自從伏羲氏畫出「八卦」後，《易經》先後有三個版本，第一個版本，出現在夏朝，名叫《連山》；第二個版本，出現在商朝，名叫《歸藏》；第三個版本，出現在周朝，名叫《周易》，自古以來，前面兩個版本，從未在周朝以後出現過，所以被視為失傳，從周朝到現在，所通用的易經版本，只有《周易》一種而已。

《周易》的著作，先從伏羲氏畫「八卦」開始，然後經由周文王、周公及孔子三位聖人，加以演繹，再補以注釋後，才真正成為儒家經典之首。

由上可知，現今所稱的《易經》，就等於是指著《周易》而言。

三、介紹「卦序數」及周易六十四卦「卦序」表

（一）介紹「卦序數」

所謂「卦序」，簡單的說，就是指卦的排列次序而言，它們的次序，若用「數字」來代表時，就叫做「卦序數」。

周易六十四卦的排列次序，自周朝傳到現代，歷經數千年，均未改變，所以六十四卦所代表的「卦序數」，幾乎成為「定數」，亦即永久不變之數。

先前所提「八卦」，獨缺「9」數及「0」數兩個阿拉伯數字，我們可以從六十四卦每一個「重卦」本身所具有的「本卦卦數」，以及在《周易》裡面，被安置的「卦序數」，就可以得到彌補。

周易六十四卦，只是代表萬事萬物的一個「循環」，或叫「週期」，其最後一個卦，叫做「未濟」卦，即已表明尚未「終止」之意，也就是說，六十四卦還可以再作第二次「循環」（或「週期」）來使用，甚至無窮盡地循環下去，永無休止。

筆者為了配合「數字遊戲」的需要性，除了將周易六十四卦，第一次循環「卦序數」全部採用外，還將第二次循環「卦序數」也納入採用，只是再從「乾為天卦」開始，安置為第「65」卦，一直到「地火明夷卦」，安置為第「100」卦為止，從「01」數開始，一直到「1

00」數為止，全部涵蓋在《數字易經》裡面。

(二)周易六十四卦「卦序」表

周易六十四卦排列時，是由先聖先賢按照卦象、卦理、卦義以及各種環境因素而定下「卦序」，每一個重卦在易經裡面的「卦序數」，迄今已歷數千年，從未被後代的研究者改變過，筆者因循古人美意，也不敢變動其次序，仍以《周易》內的「卦序」為基準，特意排列成為一個「簡表」，以方便讀者們查閱之用。

周易六十四卦「卦序」表

第一卦序數	卦形	卦名	本卦卦數	第二卦序數
1	䷀	乾為天	11	65
2	䷁	坤為地	88	66
3	䷂	水雷屯	64	67
4	䷃	山水蒙	76	68
5	䷄	水天需	61	69
6	䷅	天水訟	16	70

17	16	15	14	13	12	11	10	9	8	7
䷐	䷏	䷎	䷍	䷌	䷋	䷊	䷉	䷈	䷇	䷆
澤雷隨	雷地豫	地山謙	火天大有	天火同人	天地否	地天泰	天澤履	風天小畜	水地比	地水師
24	48	87	31	13	18	81	12	51	68	86
81	80	79	78	77	76	75	74	73	72	71

28	27	26	25	24	23	22	21	20	19	18
䷛	䷚	䷙	䷘	䷗	䷖	䷕	䷔	䷓	䷒	䷑
澤風大過	山雷頤	山天大畜	天雷無妄	地雷復	山地剝	山火賁	火雷噬嗑	風地觀	地澤臨	山風蠱
25	74	71	14	84	78	73	34	58	82	75
92	91	90	89	88	87	86	85	84	83	82

39	38	37	36	35	34	33	32	31	30	29
䷦	䷥	䷤	䷣	䷢	䷡	䷠	䷟	䷞	䷝	䷜
水山蹇	火澤睽	風火家人	地火明夷	火地晉	雷天大壯	天山遯	雷風恒	澤山咸	離為火	坎為水
67	32	53	83	38	41	17	45	27	33	66
			00	99	98	97	96	95	94	93

50	49	48	47	46	45	44	43	42	41	40
䷱	䷰	䷯	䷮	䷭	䷬	䷫	䷪	䷩	䷨	䷧
火風鼎	澤火革	水風井	澤水困	地風升	澤地萃	天風姤	澤天夬	風雷益	山澤損	雷水解
35	23	65	26	85	28	15	21	54	72	46

61	60	59	58	57	56	55	54	53	52	51
䷼	䷻	䷺	䷹	䷸	䷷	䷶	䷵	䷴	䷳	䷲
風澤中孚	水澤節	風水渙	兌為澤	巽為風	火山旅	雷火豐	雷澤歸妹	風山漸	艮為山	震為雷
52	62	56	22	55	37	43	42	57	77	44

62	䷽	雷山小過	47	
63	䷾	水火既濟	63	
64	䷿	火水未濟	36	

附註：

（1）「第二卦序數」減去「64」，等於就是「第一卦序數」，凡是開獎時，兩個「順球」所帶出來的「百號數」，若超出「64」數時，都可以使用此法，找出該數到底位在《周易》內，被排在第幾卦，也就是找出「第一卦序數」為多少數目的意思。

（2）在《周易》裡面，從頭走到尾，也就是從第1卦走到第64卦，我們稱它為一次「循環」或一個「週期」，如果走第一趟，就叫「第一次循環」或叫「第一週期」，走第二趟，則叫「第二次循環」或叫「第二週期」，其他類推之。

周易共有六十四卦，若將「64」數除以「2」，則得「32」數，它表示第32卦位於「第一週期」前半週期內最後一卦；現在用「32」數加上「64」數，可得「96」數，它表示第96卦位於「第二週期」前半週期內最後一卦，此時，如果再向後推時，便會發現到後半週期前面第四個六爻卦「地火明夷」卦，剛好配上第一百卦（開獎時，均用雙零「00」來代表「百數」）。

（3）表內或文中所稱「第一卦序數」，乃為「第一次循環卦序數」，或「第一週期卦序數」的簡稱；至於「第二卦序數」，乃為「第二次循環卦序數」，或「第二週期卦序數」的簡稱。

四、專用術語解說

（一）**本卦（又叫「重卦」）**——筆者在文中所稱的「本卦」，係指易經內所包括的六十四卦每一個「個體卦」而言，亦即指著每一個「六爻卦」而言，因為它們都是由兩個「三爻卦」，互相重疊而形成，也就是說，兩個「單卦」（三爻卦）相疊在一起的六爻卦，就叫做「重卦」。

（二）**本卦卦數**——在每一個「六爻卦」裡面，均由伏羲氏所畫出的八個單卦，互相重疊而形成，凡是位居上面的「單卦」，就叫它為「上卦」，而凡是位居下面的「單卦」，就叫它為「下卦」。

因為上下卦在「先天八卦」（又稱「伏羲八卦」）裡面，都有固定的卦位，也就是指八卦的「卦序數」而言，筆者再述如下：即乾卦代表「1」數；兌卦代表「2」數；離卦代表「3」數；震卦代表「4」數；巽卦代表「5」數；坎卦代表「6」數；艮卦代表「7」數；坤卦代表「8」數。

我們若將重卦內的「上卦」卦序數作為「左碼」，而將「下卦」卦序數作為「右碼」，然後將左右兩碼併列在一起，自然形成一個「數碼」，叫做「本卦卦數」，在《數字易經》裡面，總共有六十四個本卦卦數，筆者順便舉出一例，說明如下：譬如「火水未濟卦」，其上卦為「離卦」，卦序數為「３」，而其下卦為「坎卦」，卦序數為「６」，我們用它的上卦數「３」為左碼，再用它的下卦數「６」為右碼，左右兩碼相併列，自然組合成一個數碼「３６」數，此數即為「火水未濟卦」的本卦卦數，其餘類推，詳如第三章─周易六十四卦「卦序」表。

（三）全卦卦數──筆者在文中所稱的「全卦卦數」，係指周易六十四個重卦本身的「本卦卦數」，加上該重卦在第一次循環裡面的「卦序數」，以及第二次循環裡面的「卦序數」（只用到第１００卦為止）整個綜合體而言，譬如「澤雷隨卦」，它的本卦卦數為「２４」數，它在第一次循環內的卦序數為「１７」數，而它在第二次循環內的卦序數為「８１」數，那麼其綜合體，就是「澤雷隨」全卦卦數，即如下表：

２４──１７──８１

（四）共生卦──該「共生卦」的名稱，可以說是筆者的創意，只適用於本書《數字易經》，在周易六十四卦的「全卦卦數」，全部列出後，會發現在它們相互之間，有號碼重覆的現象，亦即有「同數」現象，筆者就是運用這些「同數」關係，架起各卦相互之間的橋樑，凡是共同擁有一個「同數」碼的「全卦卦數」，那麼它本身的「重卦」，筆者就將它取名為「共生卦」（請閱附註），其意蘊含著「生命共同體」的特性。

譬如：「澤雷隨卦」內的本卦卦數「２４」，它在「地雷復卦」內，則為第一次循環卦序數「２４」；而「澤雷隨卦」第一次循環卦序數「１７」，它在「天山遯卦」內，則為本卦卦數「17」；而「澤雷隨卦」第二次循環卦序數「81」，它在「地天泰卦」內，則為本卦卦數「81」；綜合觀之，「澤雷隨卦」便擁有三個共生卦，亦即「地雷復卦」、「天山遯卦」，以及「地天泰卦」，其餘可類推之，詳見第五章《數字易經》六十四重卦及其「八卦版路」介紹，自然明瞭。

（五）群卦——筆者所稱的「群卦」，若用一般語氣來說，是指有好幾個卦聚集在一起的意思，雖然其本意沒有錯，但它在《數字易經》裡卻扮演著很重要的角色，它是指周易六十四重卦內的每一個重卦，用它本身的「全卦卦數」，來與它的「共生卦」全卦卦數，互相串聯成為一個「卦數」網，網內的所有「重卦」羣，筆者就叫它為「羣卦」（請閱附註），該「羣卦」所構築的「卦數網」，可以稱它為「羣卦卦數表」，因為該「卦數網」是一個永久不變的架構，若使用在「拖牌」方面時，猶如電腦的「版路」，筆者通稱它為「易經八卦版路」，並另列在第（六）項內，加以說明。

※附註：在周易六十四卦當中，只有「水火既濟卦」沒有「共生卦」，因為它的本卦卦數「63」，剛好與它在第一次循環內的「卦序數」相同，亦即為「63」數。筆者為了顧及「數字易經」的整體性，所以不能將「水火既濟卦」單獨地排除在「羣卦」之外，畢竟「本卦卦數」與「卦序數」的意義不同，雖同為「63」數，但可視為「孿生關係」，也就是說「水火既濟卦」的共生卦，也叫做水火既濟卦。

（六）易經八卦版路——

我們就採用第（四）項內的例子「澤雷隨卦」來加以論述，該卦擁有三個「共生卦」，亦即「地雷復卦」、「天山遯卦」，以及「地天泰卦」等是，我們用該三個共生卦本身的「全卦卦數」，再加上「澤雷隨卦」的本卦卦數及其卦序數，如此便可以構成一個「羣卦卦數」網，它也可稱為「羣卦卦數表」，因為它所涵蓋的「數字」，永遠不會改變，有如電腦版路一樣，如果「程式」不改，則電腦內容也不會改，所以該「羣卦卦數表」，筆者就把它命名為「易經八卦版路」，它是《數字易經》的骨幹，因為《周易》共有六十四個重卦，所以《數字易經》也有六十四個「易經八卦版路」，該版路若安置在「乾為天卦」裡面時，就叫做「乾為天八卦版路」，若安置在「坤為地卦」裡面時，就叫做「坤為地八卦版路」，其餘可類推之，總共可以獲得六十四個「八卦版路」，總之，每一個版路的名稱，只要用每一個重卦的「卦名」，加以冠之即可。

筆者就地取材，用「澤雷隨八卦版路」作為樣本，其內容如下：

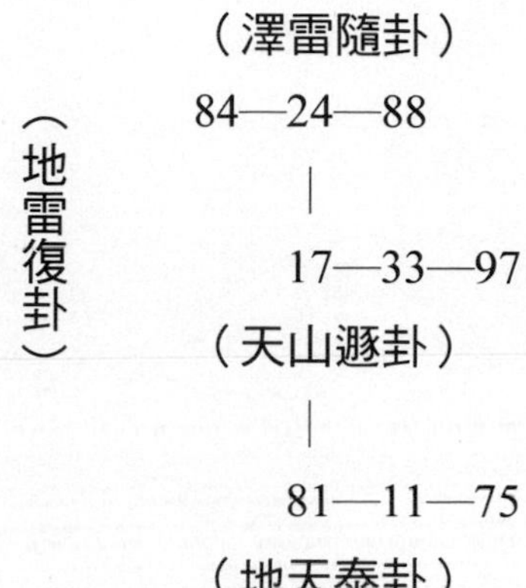

五、《數字易經》的誕生及其六十四卦與「八卦版路」介紹

自古以來，「易經」兩字，只是用來通稱《連山》、《歸藏》及《周易》三部書，因前二者已失傳，所以自周朝迄今，「易經」兩字，無形中便成為《周易》的代名詞，筆者為了証明《易經》是一部可以涵蓋宇宙萬事萬物的作品，所以嘗試使用阿拉伯數字的０１２３４５６７８９等十個號碼，來詮釋《易經》，將它「數字」化，由此，《數字易經》便應運而生，它的特色，就是在「象」、「數」、「理」三個領域裡，只選擇一個領域，那就是「數」，《數字易經》只談「數」，包括「卦數」在內，但卻不談「卦象」、「卦意」等理論，可以說獨豎一格，但很實際。

筆者從《數字易經》裡面，發現到，自「０１」數至「１００」數之間，竟然互相有其連結性及相關性，數與數之間，可以構成一個「網狀系統」，筆者稱它為「八卦版路」，若對整部《易經》而言，則通稱為「易經八卦版路」，若針對六十四重卦而言，則用每卦的「卦名」來加以冠之命名，譬如「乾為天卦」，它的八卦版路，就叫做「乾為天八卦版路」；「坤為地卦」，它的八卦版路，就叫做「坤為地八卦版路」，其餘類推，總共可以得到六十四個「八卦版路」，它們分別放置在每一個「重卦」的後面，俾便作為各種「數字遊戲」拖牌之用，它們就是整部《數字易經》的精髓或骨幹，筆者分別逐卦剖析如后，請讀者們細讀活用。

在六十四重卦的每一卦後面，都列有一羣「數字」網，它是由該重卦的全卦卦數，以及其「共生卦」的全卦卦數，互相串聯築構而成，在實質上可以稱它為「羣卦卦數表」，但在數字遊戲的應用上，筆著通稱它為「易經八卦版路」，細分之，則冠以每一個重卦的「卦名」以示區別，如「乾為天八卦版路」、「坤為地八卦版路」……等是。

以下就是按照《周易》六十四卦編排順序，逐卦闡述的全部內容。

（一）乾為天卦——周易第1卦

第１卦「乾為天」卦（卦形 ䷀）及其八卦版路，介紹如后：

１．第一次循環卦序數為「０１」，第二次循環卦序數為「６５」。

２．上卦卦數為「１」，下卦卦數為「１」，本卦卦數為「１１」。

３．全卦卦數如下：１１—０１—６５

４．「共生卦」有地天泰卦及水風井卦兩個。

５．「乾為天」八卦版路如下：

（乾為天卦）

81—11—75（地天泰卦）

|

01

|

65—48

（水風井卦）

（二）坤為地卦——周易第2卦

第2卦「坤為地」卦（卦形 ䷁）及其八卦版路，介紹如后：

1．第一次循環卦序數為「02」，第二次循環卦序數為「66」。

2．上卦卦數為「8」，下卦卦數為「8」，本卦卦數為「88」。

3．全卦卦數如下：88—02—66

4．「共生卦」有地雷復卦及坎為水卦兩個。

5．「坤為地」八卦版路如下：

（坤為地卦）

（地雷復卦） 84—24—88

|

02

|

66—29—93

（坎為水卦）

（三）水雷屯卦——周易第3卦

第3卦「水雷屯」卦（卦形 ䷂）及其八卦版路，介紹如后：

1．第一次循環卦序數為「０３」，第二次循環卦序數為「６７」。

2．上卦卦數為「６」，下卦卦數為「４」，本卦卦數為「６４」。

3．全卦卦數如下：６４—０３—６７

4．「共生卦」有火水未濟卦及水山蹇卦兩個。

5．「水雷屯」八卦版路如下：

（水雷屯卦）

36—64
　　|
　　03
　　|
　　67—39

（水山蹇卦）

（火水未濟卦）

（四）山水蒙卦——周易第4卦

第４卦「山水蒙」卦（卦形 ䷃）及其八卦版路，介紹如后：

1．第一次循環卦序數為「０４」，第二次循環卦序數為「６８」。

2．上卦卦數為「７」，下卦卦數為「６」，本卦卦數為「７６」。

3．全卦卦數如下：７６—０４—６８

4．「共生卦」有天地否卦及水地比卦兩個。

5．「山水蒙」八卦版路如下：

```
        （山水蒙卦）
   18—12—76
          |
          04
          |
          68—08—72
        （水地比卦）
（天地否卦）
```

（五）水天需卦——周易第5卦

第5卦「水天需」卦（卦形 ䷄）及其八卦版路，介紹如后：

1．第一次循環卦序數為「05」，第二次循環卦序數為「69」。

2．上卦卦數為「6」，下卦卦數為「1」，本卦卦數為「61」。

3．全卦卦數如下：61—05—69

4．「共生卦」只有風澤中孚卦一個。

5．「水天需」八卦版路如下：

（水天需卦）

52—61
|
05
|
69

（風澤中孚卦）

（六）天水訟卦——周易第6卦

第6卦「天水訟」卦（卦形 ䷅）及其八卦版路，介紹如后：

1．第一次循環卦序數為「06」，第二次循環卦序數為「70」。

2．上卦卦數為「1」，下卦卦數為「6」，本卦卦數為「16」。

3．全卦卦數如下：16—06—70

4．「共生卦」只有雷地豫卦一個。

5．「天水訟」八卦版路如下：

```
（天水訟卦）
48—16—80
    |
    06
    |
    70
（雷地豫卦）
```

（七）地水師卦——周易第7卦

第7卦「地水師」卦（卦形 ䷆）及其八卦版路，介紹如后：

1．第一次循環卦序數為「07」，第二次循環卦序數為「71」。

2．上卦卦數為「8」，下卦卦數為「6」，本卦卦數為「86」。

3．全卦卦數如下：86—07—71

4．「共生卦」有山火賁卦及山天大畜卦兩個。

5．「地水師」八卦版路如下：

（地水師卦）

73—22—86

|

07

|

71—26—90

（山天大畜卦）

（山火賁卦）

（八）水地比卦——周易第8卦

第8卦「水地比」卦（卦形䷇）及其八卦版路，介紹如后：

1．第一次循環卦序數為「08」，第二次循環卦序數為「72」。
2．上卦卦數為「6」，下卦卦數為「8」，本卦卦數為「68」。
3．全卦卦數如下：68—08—72
4．「共生卦」有山水蒙卦及山澤損卦兩個。
5．「水地比」八卦版路如下：

（水地比卦）

76—04—68
│
08
│
72—41

（山水蒙卦）

（山澤損卦）

（九）風天小畜卦——周易第9卦

第9卦「風天小畜」卦（卦形 ䷈）及其八卦版路，介紹如后：

1．第一次循環卦序數為「09」，第二次循環卦序數為「73」。

2．上卦卦數為「5」，下卦卦數為「1」，本卦卦數為「51」。

3．全卦卦數如下：51—09—73

4．「共生卦」有震為雷卦及山火賁卦兩個。

5．「風天小畜」八卦版路如下：

（風天小畜卦）

44—51

｜

09

｜

73—22—86

（山火賁卦）

（雷為雷卦）

（十）天澤履卦——周易第10卦

第10卦「天澤履」卦（卦形 ䷉）及其八卦版路，介紹如后：

1．第一次循環卦序數為「10」，第二次循環卦序數為「74」。

2．上卦卦數為「1」，下卦卦數為「2」，本卦卦數為「12」。

3．全卦卦數如下：12—10—74

4．「共生卦」有天地否卦及山雷頤卦兩個。

5．「天澤履」八卦版路如下：

（天澤履卦）

18—12—76
　　|
　　10
　　|
74—27—91

（山雷頤卦）

（天地否卦）

（十一）地天泰卦——周易第１１卦

第１１卦「地天泰」卦（卦形 ䷊）及其八卦版路，介紹如后：

１．第一次循環卦序數為「１１」，第二次循環卦序數為「７５」。

２．上卦卦數為「８」，下卦卦數為「１」，本卦卦數為「８１」。

３．全卦卦數如下：８１—１１—７５

４．「共生卦」有澤雷隨卦及山風蠱卦兩個。

５．「地天泰」八卦版路如下：

（地天泰卦）

24—17—81
|
11
|
75—18—82

（山風蠱卦）

（澤雷隨卦）

（十二）天地否卦——周易第12卦

第12卦「天地否」卦（卦形 ䷋）及其八卦版路，介紹如后：

1．第一次循環卦序數為「12」，第二次循環卦序數為「76」。

2．上卦卦數為「1」，下卦卦數為「8」，本卦卦數為「18」。

3．全卦卦數如下：18—12—76

4．「共生卦」有山風蠱卦、天澤履卦，以及山水蒙卦等三個。

5．「天地否」八卦版路如下：

（天地否卦）

75—18—82

（山風蠱卦）

|

12—10—74

（天澤履卦）

|

76—04—68

（山水蒙卦）

（十三）天火同人卦——周易第13卦

第13卦「天火同人」卦（卦形 ䷌）及其八卦版路，介紹如后：

1．第一次循環卦序數為「13」，第二次循環卦序數為「77」。

2．上卦卦數為「1」，下卦卦數為「3」，本卦卦數為「13」。

3．全卦卦數如下：13—13—77

4．「共生卦」只有艮為山卦一個。

5．「天火同人」八卦版路如下：

（天火同人卦）

13

｜

13

｜

77—52

（艮為山卦）

（十四）火天大有卦——周易第１４卦

第１４卦「火天大有」卦（卦形䷍）及其八卦版路，介紹如后：

1．第一次循環卦序數為「１４」，第二次循環卦序數為「７８」。

2．上卦卦數為「３」，下卦卦數為「１」，本卦卦數為「３１」。

3．全卦卦數如下：３１—１４—７８

4．「共生卦」有澤山咸卦、天雷無妄卦，以及山地剝卦等三個。

5．「火天大有」八卦版路如下：

（火天大有卦）

27—31—95

|

14—25—89

（天雷無妄卦）

|

78—23—87

（山地剝卦）

（澤山咸卦）

（十五）地山謙卦——周易第15卦

第15卦「地山謙」卦（卦形 ䷎）及其八卦版路，介紹如后：

1．第一次循環卦序數為「15」，第二次循環卦序數為「79」。

2．上卦卦數為「8」，下卦卦數為「7」，本卦卦數為「87」。

3．全卦卦數如下：87—15—79

4．「共生卦」有山地剝卦及天風姤卦兩個。

5．「地山謙」八卦版路如下：

（地山謙卦）

78—23—87
（山地剝卦）
|
15—44
（天風姤卦）
|
79

（十六）雷地豫卦——周易第16卦

第16卦「雷地豫」卦（卦形 ䷏）及其八卦版路，介紹如后：

1．第一次循環卦序數為「16」，第二次循環卦序數為「80」。

2．上卦卦數為「4」，下卦卦數為「8」，本卦卦數為「48」。

3．全卦卦數如下：48—16—80

4．「共生卦」有水風井卦及天水訟卦兩個。

5．「雷地豫」八卦版路如下：

（雷地豫卦）

65—48
　　|
　16—06—70（水風井卦）
　　|
　（天水訟卦）
　　|
　80

（十七）澤雷隨卦——周易第17卦

第17卦「澤雷隨」卦（卦形 ䷐）及其八卦版路，介紹如后：

1．第一次循環卦序數為「17」，第二次循環卦序數為「81」。

2．上卦卦數為「2」，下卦卦數為「4」，本卦卦數為「24」。

3．全卦卦數如下：24—17—81

4．「共生卦」有地雷復卦、天山遯卦，以及地天泰卦等三個。

5．「澤雷隨」八卦版路如下：

（澤雷隨卦）

84—24—88

|

17—33—97

（天山遯卦）

|

81—11—75

（地天泰卦）

（地雷復卦）

（十八）山風蠱卦——周易第18卦

第18卦「山風蠱」卦（卦形䷑）及其八卦版路，介紹如后：

1．第一次循環卦序數為「18」，第二次循環卦序數為「82」。

2．上卦卦數為「7」，下卦卦數為「5」，本卦卦數為「75」。

3．全卦卦數如下：75—18—82

4．「共生卦」有地天泰卦、天地否卦，以及地澤臨卦等三個。

5．「山風蠱」八卦版路如下：

（山風蠱卦）

81—11—75

（地天泰卦）

|

18—12—76

（天地否卦）

|

82—19—83

（地澤臨卦）

(十九)地澤臨卦——周易第19卦

第19卦「地澤臨」卦(卦形 ䷒)及其八卦版路,介紹如后:

1.第一次循環卦序數為「19」,第二次循環卦序數為「83」。

2.上卦卦數為「8」,下卦卦數為「2」,本卦卦數為「82」。

3.全卦卦數如下:82—19—83

4.「共生卦」有山風蠱卦及地火明夷卦兩個。

5.「地澤臨」八卦版路如下:

(地澤臨卦)

75—18—82

|

19

|

83—36—00

(地火明夷卦)

(山風蠱卦)

（二十）風地觀卦——周易第20卦

第20卦「風地觀」卦（卦形䷓）及其八卦版路，介紹如后：

1．第一次循環卦序數為「20」，第二次循環卦序數為「84」。

2．上卦卦數為「5」，下卦卦數為「8」，本卦卦數為「58」。

3．全卦卦數如下：58—20—84

4．「共生卦」有兌為澤卦及地雷復卦兩個。

5．「風地觀」八卦版路如下：

```
        （風地觀卦）
（兌為澤卦）
      22—58
          |
          20
          |
          84—24—88
        （地雷復卦）
```

（廿一）火雷噬嗑卦——周易第２１卦

第２１卦「火雷噬嗑」卦（卦形 ䷔）及其八卦版路，介紹如后：

1．第一次循環卦序數為「２１」，第二次循環卦序數為「８５」。

2．上卦卦數為「３」，下卦卦數為「４」，本卦卦數為「３４」。

3．全卦卦數如下：３４—２１—８５

4．「共生卦」有雷天大壯卦、澤天夬卦，以及地風升卦等三個。

5．「火雷噬嗑」八卦版路如下：

（火雷噬嗑卦）

41—34—98

|

21—43

（澤天夬卦）

|

85—46

（地風升卦）

（雷天大壯卦）

（廿二）山火賁卦——周易第22卦

第22卦「山火賁」卦（卦形　）及其八卦版路，介紹如后：

1．第一次循環卦序數為「22」，第二次循環卦序數為「86」。
2．上卦卦數為「7」，下卦卦數為「3」，本卦卦數為「73」。
3．全卦卦數如下：73—22—86
4．「共生卦」有風天小畜卦、兌為澤卦，以及地水師卦等三個。
5．「山火賁」八卦版路如下：

（山火賁卦）
51—09—73
｜
22—58
（兌為澤卦）
｜
86—07—71
（地水師卦）

（風天小畜卦）

（廿三）山地剝卦──周易第23卦

第23卦「山地剝」卦（卦形 ䷖）及其八卦版路，介紹如后：

1．第一次循環卦序數為「23」，第二次循環卦序數為「87」。

2．上卦卦數為「7」，下卦卦數為「8」，本卦卦數為「78」。

3．全卦卦數如下：78─23─87

4．「共生卦」有火天大有卦、澤火革卦，以及地山謙卦等三個。

5．「山地剝」八卦版路如下：

```
（山地剝卦）
31—14—78
        |
        23—49
（澤火革卦）
        |
        87—15—79
（地山謙卦）

（火天大有卦）
```

（廿四）地雷復卦——周易第２４卦

第２４卦「地雷復」卦（卦形 ䷗）及其八卦版路，介紹如后：

1．第一次循環卦序數為「２４」，第二次循環卦序數為「８８」。
2．上卦卦數為「８」，下卦卦數為「４」，本卦卦數為「８４」。
3．全卦卦數如下：８４—２４—８８
4．「共生卦」有風地觀卦、澤雷隨卦，以及坤為地卦等三個。
5．「地雷復」八卦版路如下：

（地雷復卦）
58—20—84
|
24—17—81
（澤雷隨卦）
|
88—02—66
（坤為地卦）

（風地觀卦）

（廿五）天雷無妄卦——周易第２５卦

第２５卦「天雷無妄」卦（卦形 ䷘）及其八卦版路，介紹如后：

1．第一次循環卦序數為「２５」，第二次循環卦序數為「８９」。

2．上卦卦數為「１」，下卦卦數為「４」，本卦卦數為「１４」。

3．全卦卦數如下：１４—２５—８９

4．「共生卦」有火天大有卦及澤風大過卦兩個。

5．「天雷無妄」八卦版路如下：

（天雷無妄卦）

31—14—78

|

25—28—92

（澤風大過卦）

|

89

（火天大有卦）

（廿六）山天大畜卦——周易第26卦

第26卦「山天大畜」卦（卦形䷙）及其八卦版路，介紹如后：

1．第一次循環卦序數為「26」，第二次循環卦序數為「90」。

2．上卦卦數為「7」，下卦卦數為「1」，本卦卦數為「71」。

3．全卦卦數如下：71—26—90

4．「共生卦」有地水師卦及澤水困卦兩個。

5．「山天大畜」八卦版路如下：

（山天大畜卦）

86—07—71

|

26—47

（澤水困卦）

|

90

（地水師卦）

（廿七）山雷頤卦——周易第27卦

第27卦「山雷頤」卦（卦形 ䷚）及其八卦版路，介紹如后：

1．第一次循環卦序數為「27」，第二次循環卦序數為「91」。

2．上卦卦數為「7」，下卦卦數為「4」，本卦卦數為「74」。

3．全卦卦數如下：74—27—91

4．「共生卦」有天澤履卦及澤山咸卦兩個。

5．「山雷頤」八卦版路如下：

（山雷頤卦）

12—10—74

|

27—31—95

（澤山咸卦）

|

91

（天澤履卦）

（廿八）澤風大過卦——周易第28卦

第28卦「澤風大過」卦（卦形䷛）及其八卦版路，介紹如后：

1．第一次循環卦序數為「28」，第二次循環卦序數為「92」。

2．上卦卦數為「2」，下卦卦數為「5」，本卦卦數為「25」。

3．全卦卦數如下：25—28—92

4．「共生卦」有天雷無妄卦及澤地萃卦兩個。

5．「澤風大過」八卦版路如下：

（澤風大過卦）

14—25—89

|

28—45

（澤地萃卦）

|

92

（天雷無妄卦）

（廿九）坎為水卦——周易第29卦

第29卦「坎為水」卦（卦形 ䷜）及其八卦版路，介紹如后：

1．第一次循環卦序數為「29」，第二次循環卦序數為「93」。

2．上卦卦數為「6」，下卦卦數為「6」，本卦卦數為「66」。

3．全卦卦數如下：66—29—93

4．「共生卦」只有坤為地卦一個。

5．「坎為水」八卦版路如下：

（坎為水卦）

88—02—66
|
29
|
93

（坤為地卦）

（三十）離為火卦——周易第30卦

第30卦「離為火」卦（卦形 ䷝）及其八卦版路，介紹如后：

1．第一次循環卦序數為「30」，第二次循環卦序數為「94」。

2．上卦卦數為「3」，下卦卦數為「3」，本卦卦數為「33」。

3．全卦卦數如下：33—30—94

4．「共生卦」只有天山遯卦一個。

5．「離為火」八卦版路如下：

（離為火卦）

17—33—97

|

30

|

94

（天山遯卦）

（卅一）澤山咸卦——周易第31卦

第31卦「澤山咸」卦（卦形 ䷞）及其八卦版路，介紹如后：

1．第一次循環卦序數為「31」，第二次循環卦序數為「95」。

2．上卦卦數為「2」，下卦卦數為「7」，本卦卦數為「27」。

3．全卦卦數如下：27—31—95

4．「共生卦」有山雷頤卦及火天大有卦兩個。

5．「澤山咸」八卦版路如下：

（澤山咸卦）

74—27—91

（山雷頤卦）

｜

31—14—78

（火天大有卦）

｜

95

（卅二）雷風恒卦——周易第32卦

第32卦「雷風恒」卦（卦形 ䷟）及其八卦版路，介紹如后：

1．第一次循環卦序數為「32」，第二次循環卦序數為「96」。

2．上卦卦數為「4」，下卦卦數為「5」，本卦卦數為「45」。

3．全卦卦數如下：45—32—96

4．「共生卦」有澤地萃卦及火澤睽卦兩個。

5．「雷風恒」八卦版路如下：

```
      （雷風恒卦）
28—45
（澤地萃卦）
    |
    32—38
      （火澤睽卦）
    |
    96
```

（卅三）天山遯卦——周易第33卦

第33卦「天山遯」卦（卦形 ䷠）及其八卦版路，介紹如后：

1．第一次循環卦序數為「33」，第二次循環卦序數為「97」。

2．上卦卦數為「1」，下卦卦數為「7」，本卦卦數為「17」。

3．全卦卦數如下：17—33—97

4．「共生卦」有澤雷隨卦及離為火卦兩個。

5．「天山遯」八卦版路如下：

```
      （天山遯卦）
24—17—81
      |
      33—30—94
      （離為火卦）
      |
      97
（澤雷隨卦）
```

（卅四）雷天大壯卦──周易第34卦

第34卦「雷天大壯」卦（卦形䷡）及其八卦版路，介紹如后：

1．第一次循環卦序數為「34」，第二次循環卦序數為「98」。

2．上卦卦數為「4」，下卦卦數為「1」，本卦卦數為「41」。

3．全卦卦數如下：41─34─98

4．「共生卦」有山澤損卦及火雷噬嗑卦兩個。

5．「雷天大壯」八卦版路如下：

（雷天大壯卦）

72─41
│
34─21─85
│
98

（山澤損卦）
（火雷噬嗑卦）

（卅五）火地晉卦——周易第35卦

第35卦「火地晉」卦（卦形 ䷢）及其八卦版路，介紹如后：

1．第一次循環卦序數為「35」，第二次循環卦序數為「99」。

2．上卦卦數為「3」，下卦卦數為「8」，本卦卦數為「38」。

3．全卦卦數如下：38—35—99

4．「共生卦」有火澤睽卦及火風鼎卦兩個。

5．「火地晉」八卦版路如下：

（火地晉卦）

（火澤睽卦）32—38
|
35—50
（火風鼎卦）
|
99

（卅六）地火明夷卦──周易第36卦

第36卦「地火明夷」卦（卦形䷣）及其八卦版路，介紹如后：

1．第一次循環卦序數為「36」，第二次循環卦序數為「00」。

2．上卦卦數為「8」，下卦卦數為「3」，本卦卦數為「83」。

3．全卦卦數如下：83─36─00

4．「共生卦」有地澤臨卦及火水未濟卦兩個。

5．「地火明夷」八卦版路如下：

（地火明夷卦）

82─19─83
│
36─64
│
00

（地澤臨卦）

（火水未濟卦）

6．附註：

（1）目前，無論那一類的數字遊戲，都是使用「01」作為最小數，若以「單球碼」玩法而論，最大數可分別為「38」碼、「42」碼，以及「49」碼；若以「雙球碼」玩法而論，則一律以「一百」作為最大數，通常都用雙零，亦即用「00」來代表。

（2）周易第36卦「地火明夷卦」，剛好是第二次循環卦序數「一百」的位置，也就是數字遊戲最大碼「00」的終點站，所以，從第37卦以後，就沒有第二次循環卦序數的記載。

（3）周易六十四卦的終點站，就是位居第64卦的「火水未濟卦」，它的本卦卦數為「36」；剛好，數字遊戲雙球碼「00」數的終點站「地火明夷卦」，它的第一次循環卦序數，也是「36」，由此可以看出，這兩個終點站，都是由「36」數來貫穿，可說是「天意」，若將這種現象，叫做「天機」，或者叫做「定數」，應該不會太過份。

（卅七）風火家人卦—周易第37卦

第37卦「風火家人」卦（卦形 ䷤）及其八卦版路，介紹如后：

1．第一次循環卦序數為「37」。
2．上卦卦數為「5」，下卦卦數為「3」，本卦卦數為「53」。
3．全卦卦數如下：53—37
4．「共生卦」有風山漸卦及火山旅卦兩個。
5．「風火家人」八卦版路如下：

（風火家人卦）

57—53
|
37—56

（火山旅卦）

（風山漸卦）

（卅八）火澤睽卦——周易第38卦

第38卦「火澤睽」卦（卦形 ䷥）及其八卦版路，介紹如后：

1．第一次循環卦序數為「38」。

2．上卦卦數為「3」，下卦卦數為「2」，本卦卦數為「32」。

3．全卦卦數如下：32—38

4．「共生卦」有雷風恒卦及火地晉卦兩個。

5．「火澤睽」八卦版路如下：

（火澤睽卦）

45—32—96

｜

38—35—99

（火地晉卦）

（雷風恒卦）

（卅九）水山蹇卦——周易第39卦

第39卦「水山蹇」卦（卦形 ䷦）及其八卦版路，介紹如后：

1．第一次循環卦序數為「39」。
2．上卦卦數為「6」，下卦卦數為「7」，本卦卦數為「67」。
3．全卦卦數如下：67—39
4．「共生卦」只有水雷屯卦一個。
5．「水山蹇」八卦版路如下：

（水山蹇卦）

64—03—67
　　　　|
　　　　39

（水雷屯卦）

（四十）雷水解卦——周易第40卦

第40卦「雷水解」卦（卦形 ䷧）及其八卦版路，介紹如后：

1．第一次循環卦序數為「40」。

2．上卦卦數為「4」，下卦卦數為「6」，本卦卦數為「46」。

3．全卦卦數如下：46—40

4．「共生卦」只有地風升卦一個。

5．「雷水解」八卦版路如下：

（雷水解卦）

85—46
　　|
　　40

（地風升卦）

（四一）山澤損卦——周易第４１卦

第４１卦「山澤損」卦（卦形䷨）及其八卦版路，介紹如后：

1．第一次循環卦序數為「４１」。

2．上卦卦數為「７」，下卦卦數為「２」，本卦卦數為「７２」。

3．全卦卦數如下：７２—４１

4．「共生卦」有水地比卦及雷天大壯卦兩個。

5．「山澤損」八卦版路如下：

（山澤損卦）

68—08—72

|

41—34—98

（雷天大壯卦）

（水地比卦）

（四二）風雷益卦——周易第42卦

第42卦「風雷益」卦（卦形 ䷩）及其八卦版路，介紹如后：

1．第一次循環卦序數為「42」。

2．上卦卦數為「5」，下卦卦數為「4」，本卦卦數為「54」。

3．全卦卦數如下：54—42

4．「共生卦」只有雷澤歸妹卦一個。

5．「風雷益」八卦版路如下：

（風雷益卦）

42—54
｜
42

（雷澤歸妹卦）

（四三）澤天夬卦——周易第43卦

第43卦「澤天夬」卦（卦形䷪）及其八卦版路，介紹如后：

1．第一次循環卦序數為「43」。

2．上卦卦數為「2」，下卦卦數為「1」，本卦卦數為「21」。

3．全卦卦數如下：21—43

4．「共生卦」有火雷噬嗑卦及雷火豐卦兩個。

5．「澤天夬」八卦版路如下：

（澤天夬卦）

34—21—85
　　　｜
　　43—55

（火雷噬嗑卦）　（雷火豐卦）

（四四）天風姤卦——周易第44卦

第44卦「天風姤」卦（卦形 ䷫）及其八卦版路，介紹如后：

1．第一次循環卦序數為「44」。

2．上卦卦數為「1」，下卦卦數為「5」，本卦卦數為「15」。

3．全卦卦數如下：15—44

4．「共生卦」有地山謙卦及震為雷卦兩個。

5．「天風姤」八卦版路如下：

（天風姤卦）

87—15—79

|

44—51

（震為雷卦）

（地山謙卦）

（四五）澤地萃卦——周易第45卦

第45卦「澤地萃」卦（卦形 ䷬）及其八卦版路，介紹如后：

1．第一次循環卦序數為「45」。
2．上卦卦數為「2」，下卦卦數為「8」，本卦卦數為「28」。
3．全卦卦數如下：28—45
4．「共生卦」有澤風大過卦及雷風恒卦兩個。
5．「澤地萃」八卦版路如下：

（澤地萃卦）

25—28—92
　　　｜
　　　45—32—96

（雷風恒卦）

（澤風大過卦）

（四六）地風升卦——周易第46卦

第46卦「地風升」卦（卦形䷭）及其八卦版路，介紹如后：

1．第一次循環卦序數為「46」。

2．上卦卦數為「8」，下卦卦數為「5」，本卦卦數為「85」。

3．全卦卦數如下：85—46

4．「共生卦」有火雷噬嗑卦及雷水解卦兩個。

5．「地風升」八卦版路如下：

（地風升卦）

34—21—85
　　　　|
　　　　46—40

（雷水解卦）

（火雷噬嗑卦）

（四七）澤水困卦──周易第47卦

第47卦「澤水困」卦（卦形 ䷮）及其八卦版路，介紹如后：

1．第一次循環卦序數為「47」。

2．上卦卦數為「2」，下卦卦數為「6」，本卦卦數為「26」。

3．全卦卦數如下：26─47

4．「共生卦」有山天大畜卦及雷山小過卦兩個。

5．「澤水困」八卦版路如下：

（澤水困卦）

71─26─90
　　│
　　47─62

（雷山小過卦）

（山天大畜卦）

（四八）水風井卦──周易第48卦

第48卦「水風井」卦（卦形 ䷯）及其八卦版路，介紹如后：

1．第一次循環卦序數為「48」。

2．上卦卦數為「6」，下卦卦數為「5」，本卦卦數為「65」。

3．全卦卦數如下：65─48

4．「共生卦」有乾為天卦及雷地豫卦兩個。

5．「水風井」八卦版路如下：

（水風井卦）

11─01─65

（乾為天卦）

│

48─16─80

（雷地豫卦）

（四九）澤火革卦——周易第49卦

第49卦「澤火革」卦（卦形䷰）及其八卦版路，介紹如后：

1．第一次循環卦序數為「49」。

2．上卦卦數為「2」，下卦卦數為「3」，本卦卦數為「23」。

3．全卦卦數如下：23—49

4．「共生卦」只有山地剝卦一個。

5．「澤火革」八卦版路如下：

（澤火革卦）

78—23—87
|
49

（山地剝卦）

（五十）火風鼎卦——周易第５０卦

第５０卦「火風鼎」卦（卦形 ䷱）及其八卦版路，介紹如后：

1．第一次循環卦序數為「５０」。

2．上卦卦數為「３」，下卦卦數為「５」，本卦卦數為「３５」。

3．全卦卦數如下：３５—５０

4．「共生卦」只有火地晉卦一個。

5．「火風鼎」八卦版路如下：

（火風鼎卦）

38—35—99

|

50（火地晉卦）

（五一）震為雷卦──周易第５１卦

第５１卦「震為雷」卦（卦形 ䷲）及其八卦版路，介紹如后：

１．第一次循環卦序數為「５１」。

２．上卦卦數為「４」，下卦卦數為「４」，本卦卦數為「４４」。

３．全卦卦數如下：４４─５１

４．「共生卦」有天風姤卦及風天小畜卦兩個。

５．「震為雷」八卦版路如下：

（震為雷卦）

15—44
　　|
　　51—09—73

（風天小畜卦）

（天風姤卦）

（五二）艮為山卦——周易第52卦

第52卦「艮為山」卦（卦形 ䷳）及其八卦版路，介紹如后：

1．第一次循環卦序數為「52」。

2．上卦卦數為「7」，下卦卦數為「7」，本卦卦數為「77」。

3．全卦卦數如下：77—52

4．「共生卦」有天火同人卦及風澤中孚卦兩個。

5．「艮為山」八卦版路如下：

（艮為山卦）

13—13—77

|

52—61

（風澤中孚卦）

（天火同人卦）

（五三）風山漸卦——周易第53卦

第53卦「風山漸」卦（卦形䷴）及其八卦版路，介紹如后：

1．第一次循環卦序數為「53」。

2．上卦卦數為「5」，下卦卦數為「7」，本卦卦數為「57」。

3．全卦卦數如下：57—53

4．「共生卦」有巽為風卦及風火家人卦兩個。

5．「風山漸」八卦版路如下：

（風山漸卦）

55—57

（巽為風卦）　｜

53—37

（風火家人卦）

(五四)雷澤歸妹卦——周易第５４卦

第５４卦「雷澤歸妹」卦(卦形 ䷵)及其八卦版路,介紹如后:

１.第一次循環卦序數為「５４」。

２.上卦卦數為「４」,下卦卦數為「２」,本卦卦數為「４２」。

３.全卦卦數如下:４２—５４

４.「共生卦」只有風雷益卦一個。

５.「雷澤歸妹」八卦版路如下:

(雷澤歸妹卦)

54—42
　　|
　　54—42

(風雷益卦)

（五五）雷火豐卦——周易第５５卦

第５５卦「雷火豐」卦（卦形 ䷶）及其八卦版路，介紹如后：

１．第一次循環卦序數為「５５」。

２．上卦卦數為「４」，下卦卦數為「３」，本卦卦數為「４３」。

３．全卦卦數如下：４３—５５

４．「共生卦」有澤天夬卦及巽為風卦兩個。

５．「雷火豐」八卦版路如下：

（雷火豐卦）

21—43

（澤天夬卦）

|

55—57

（巽為風卦）

（五六）火山旅卦——周易第５６卦

第５６卦「火山旅」卦（卦形 ䷷）及其八卦版路，介紹如后：

１．第一次循環卦序數為「５６」。

２．上卦卦數為「３」，下卦卦數為「７」，本卦卦數為「３７」。

３．全卦卦數如下：３７—５６

４．「共生卦」有風火家人卦及風水渙卦兩個。

５．「火山旅」八卦版路如下：

（火山旅卦）

53—37

|

56—59

（風水渙卦）

（風火家人卦）

（五七）巽為風卦——周易第57卦

第57卦「巽為風」卦（卦形 ䷸）及其八卦版路，介紹如后：

1．第一次循環卦序數為「57」。

2．上卦卦數為「5」，下卦卦數為「5」，本卦卦數為「55」。

3．全卦卦數如下：55—57

4．「共生卦」有雷火豐卦及風山漸卦兩個。

5．「巽為風」八卦版路如下：

（巽為風卦）

43—55
　　|
　　57—53

（雷火豐卦）　（風山漸卦）

（五八）兌為澤卦——周易第58卦

第58卦「兌為澤」卦（卦形 ䷹）及其八卦版路，介紹如后：

1．第一次循環卦序數為「58」。

2．上卦卦數為「2」，下卦卦數為「2」，本卦卦數為「22」。

3．全卦卦數如下：22—58

4．「共生卦」有山火賁卦及風地觀卦兩個。

5．「兌為澤」八卦版路如下：

（兌為澤卦）

73—22—86

|

58—20—84

（風地觀卦）

（山火賁卦）

（五九）風水渙卦——周易第59卦

第59卦「風水渙」卦（卦形 ䷺）及其八卦版路，介紹如后：

1．第一次循環卦序數為「59」。
2．上卦卦數為「5」，下卦卦數為「6」，本卦卦數為「56」。
3．全卦卦數如下：56—59
4．「共生卦」只有火山旅卦一個。
5．「風水渙」八卦版路如下：

（風水渙卦）

37—56
　　｜
　　59

（火山旅卦）

（六十）水澤節卦——周易第６０卦

第６０卦「水澤節」卦（卦形 ䷻）及其八卦版路，介紹如后：

１．第一次循環卦序數為「６０」。

２．上卦卦數為「６」，下卦卦數為「２」，本卦卦數為「６２」。

３．全卦卦數如下：６２—６０

４．「共生卦」只有雷山小過卦一個。

５．「水澤節」八卦版路如下：

（水澤節卦）

47—62
　　|
　　60

（雷山小過卦）

（六一）風澤中孚卦——周易第61卦

第61卦「風澤中孚」卦（卦形 ䷼）及其八卦版路，介紹如后：

1．第一次循環卦序數為「61」。

2．上卦卦數為「5」，下卦卦數為「2」，本卦卦數為「52」。

3．全卦卦數如下：52—61

4．「共生卦」有艮為山卦及水天需卦兩個。

5．「風澤中孚」八卦版路如下：

（風澤中孚卦）

77—52
｜
61—05—69

（水天需卦）

（艮為山卦）

（六二）雷山小過卦──周易第62卦

第62卦「雷山小過」卦（卦形䷽）及其八卦版路，介紹如后：

1．第一次循環卦序數為「62」。

2．上卦卦數為「4」，下卦卦數為「7」，本卦卦數為「47」。

3．全卦卦數如下：47—62

4．「共生卦」有澤水困卦及水澤節卦兩個。

5．「雷山小過」八卦版路如下：

（雷山小過卦）

26—47

|

62—60

（水澤節卦）

（澤水困卦）

（六三）水火既濟卦——周易第63卦

第63卦「水火既濟」卦（卦形䷾）及其八卦版路，介紹如后：

1．第一次循環卦序數為「63」。

2．上卦卦數為「6」，下卦卦數為「3」，本卦卦數為「63」。

3．全卦卦數如下：63—63

4．「共生卦」無。但也可稱其共生卦為它的孿生卦—水火既濟卦。

5．「水火既濟」八卦版路如下：

（水火既濟卦）

63

｜

63

（水火既濟卦）

（六四）火水未濟卦——周易第64卦

第64卦「火水未濟」卦（卦形䷿）及其八卦版路，介紹如后：

1．第一次循環卦序數為「64」。

2．上卦卦數為「3」，下卦卦數為「6」，本卦卦數為「36」。

3．全卦卦數如下：36—64

4．「共生卦」有地火明夷卦及水雷屯卦兩個。

5．「火水未濟」八卦版路如下：

（火水未濟卦）

83—36—00
|
64—03—67

（水雷屯卦）

（地火明夷卦）

6．附註：

周易第64卦「火水未濟卦」，從表面上來看，周易用來代表宇宙萬物的六爻卦，只採用到六十四個重卦而已，事實上，該六十四個六爻卦，只是代表第一個「週期」而已，它最後用「未濟」一卦來作結尾，根據歷代儒者的論述，均認為「未濟」有隱含著「尚未終止」的意思，也就是說，周易六十四卦還可以重覆循環第二次（指第二週期）、第三次（指第三週期）……甚至無窮盡地循環下去，永無止境，這種現象，若用宇宙的「天體運行」來解釋，最為恰當，譬如地球繞著太陽、月球繞著地球，它們一圈又一圈地運轉繞行，從古至今，不知經過了多少歲月，仍然永無休止地進行下去。

六、認識「數字遊戲」

目前世界上有很多國家，都有推行「樂透彩」、「六合彩」、「樂合彩」及其他名稱不同的「數字」遊戲，通常它們單球碼最大數，均以「４９」數居多；至於單球碼最小數，當然非「０１」數莫屬，這種玩法，台北銀行定名為「大樂透」。

凡是單球碼最大數為「４２」數者，台北銀行定名為「小樂透」，它在台灣只有推行三年（即自９１年元月２２日起，至９４年元月２１日止）。

台北銀行從民國９４年元月２２日起，開始推行一種以「３８」數，作為單球碼最大數的玩法，原先定名為「迷你樂透」，後來開獎時，則直稱「樂透彩」，並取代了「小樂透」的地位，從此每週二及每週五均開出「迷你樂透」（樂透彩），同時在當天續開出六顆號碼球（不開「特別號」），叫做「樂合彩」，用來提供大家玩「對對碰」（又叫「二合」），另外，還有三合、四合、五合等玩法；至於「大樂透」，它在過去都是開在「週一」及「週四」，民國９４年則仍然不變。

通常在開獎時，都有一個共同模式，就是使用「開獎機」，啟動攪拌全部的號碼球，然後再由「洞口」（即「出口」），連續掉出七顆球（指單球碼），凡是在第七次落下的單球碼，一律被視為「特別號」，該碼視玩法及獎項的需要，由開獎單位決定是否納入計算，無論玩法如何，它的位置永遠被安排在「最後」，並且不能與其他「六顆」球那樣，按照阿拉伯數目字的大小順序，排成一列，亦即筆者在文中所稱的「順球」排列法，在世界各國的數字遊戲中，多以該「順球」排列法內六顆球上面的「號碼」作為中獎與否的制定標準。

在一般民間的玩法當中，以及筆者所介紹的《數字易經》拖牌法，都有用到「雙球」（指「順球」排列法內，相鄰的兩顆球而言）上面的「號碼」，民間俗稱「台號」或「百號數」，筆者則直稱為「雙球碼」或「雙球號碼」，現在將「單球碼」及「雙球碼」，分別介紹如后：

（一）單球號碼（簡稱「單球碼」）

筆者在文中所稱的「單球號碼」，簡稱「單球碼」，它是指一顆開獎球上面所標示出的數目字而言，台北銀行所發行的「大樂透」，乃由單球碼「０１」至「４９」數，總共有四十九顆號碼球，亦即「單球號碼」，共有四十九個；已發行三年的「小樂透」，則共有四十二個「單球號碼」；至於「迷你」樂透，則由開獎單位來決定，不管如何玩，最小碼一定都是「０１」數，而最大碼可分為「３７」或「３８」或「３９」數，台北銀行採用最大碼為「３８」數的玩法；自９４年元月２５日開始，所開獎的「樂合彩」，仍然玩最大碼為「４２」數的方法，只是不開「特別號」而已。

（二）雙球號碼（簡稱「雙球碼」，也叫「百號數」，俗稱「台號」）

筆者在文中所稱的「雙球號碼」，簡稱「雙球碼」，它是指開獎號碼，經過大小順序排列後，相鄰兩顆球球面上所標示出的個位數，互相組合而成的數目字而言，台北銀行所發行的大小樂透或迷你樂透，以及樂合彩等遊戲，均可適用；而且不論是「中獎」用的六顆「順球」號碼，亦或「拖牌」用的七顆「順球」號碼（指有按照大小次序插隊計算的「特別號」在內而言），一律通用，它們的共同特色，就是將排在前面的順球「個位數」，作為「雙球碼」的左碼，再將該順球後面的另一顆球「個位數」，作為該「雙球碼」的右碼，當「左」、「右」碼併列組合而出時，該組合碼，即為我們所要的「雙球碼」，也叫「百號數」，或俗稱「台號」，它的最小碼一律為「０１」數，而最大碼則為一百號，遊戲時均用雙零「００」來代表「百號」。

七、《數字易經》拖牌法

（一）拖牌要領及甘苦談

目前台北銀行發行的「數字遊戲」開獎方式，有很多種，筆者只採取「樂透」作為主要的研究對象；至於「樂合彩」的對對碰等玩法，不論是依附在小樂透的開獎號碼上面，或者另外搖獎，同樣被列為研究範圍，只是居於次要的對象而已；至於「四星彩」，則不列入本書的研究範圍。

台北銀行使用大小（或迷你）樂透（含樂合彩）互相間隔的方式來開獎，也就是說，假若第一次開出「大樂透」，那麼第二次便開出「小（或迷你）樂透」（含樂合彩），接著第三次又開出「大樂透」，而第四次則再開出「小（或迷你）樂透」（含樂合彩），如此地反覆下去，直到將來又改變新的方法為止，像這樣的開獎方式，其拖牌步驟，比以前只開出一種「小樂透」時，較為麻煩，現在分析如下，以知梗概：

假設我們要「選牌」玩下次開獎的「大樂透」時，那麼，首先要將它臨近的小（或迷你）樂透（含樂合彩）開獎號碼，視為拖牌用的「主要依據」（附註一），同時還要參考使用前一期「大樂透」開獎號碼，視為拖牌用的「次要依據」（附註一）。在過去（指民國92年）時，只要使用第一次「小樂透」開獎號碼，就可以直接拖出第二次「小樂透」的開獎號碼，簡便很多，不像現在那麼麻煩，將大小（或迷你）樂透（含樂合彩）混雜在同一週內來開獎，以致拖牌時，不但要使用間隔式或迂迴式地來選牌，而所選出來的號碼，在下注時又很難拿捏，不知道它到底要開在當期的「大樂透」內，或者要開在下一期的「小（或迷你）樂透」（含樂合彩）內，這種左右為難的情形，常使玩家傷透腦筋，甚至舉棋不定，大意失荊州。

同理，若要「選牌」玩下次開獎的「小（或迷你）樂透」（含樂合彩）時，與它臨近的「大樂透」開獎號碼，就是拖牌用的「主要依據」（附註一）；另外，還要參考運用前一期「小（或迷你）樂透」（含樂合彩）開獎號碼，作為拖牌用的「次要依據」（附註一）。

現在，筆者舉出兩例，讓讀者們體會一下「間隔式」開獎的拖牌苦味，例如：從本書《數字易經》中查知，其第「47」卦的本卦卦數為「26」，由此可知，「26」數與「47」數，均屬「同卦」關係，筆者用兩個實例來說明，大家比較容易理解。

第一例為93年8月31日（週二）小樂透內開出「26」數，結果，在93年9月2日（週四）大樂透內帶出了「47」數。

※附註一：文中所指的「主要依據」，可以俗稱為「第一順位」；至於「次要依據」，則可俗稱為「第二順位」。

第二例為93年9月27日（週一）大樂透內，開出「26」數，結果，在93年9月30日（週四）大樂透內帶出了「47」數。

在前例中，其特色為，由「小樂透」內的「26」數，帶出「大樂透」內的「47」數；後例特色為，由「大樂透」內的「26」數，跳過間隔的「小樂透」，再從下期「大樂透」內帶出「47」數。

由此二例，可以看出「大小（或迷你）樂透」（含樂合彩），在互相穿插間隔式的開獎方式下，實在增加了「拖牌」的困擾。

（二）拖牌法開場白及分類

現在，筆者將逐漸導入本章主題「拖牌法」，首先，我們必須認知，「樂透彩」（指「通稱」，不分大與小）開獎時，通常具備四種狀況，第一：中獎球只有七顆（樂合彩除外）；第二：第七次落下的球，球面上的號碼，被列為「特別號」（樂合彩除外）；第三：落球時，一次只落下一顆球，在七次落球中，其球面上的「數字」，無一定的大小順序（樂合彩除外）；第四：當七顆球（樂合彩除外）都落下後，除了第七落球，被視為「特別號」外，其餘六個落球，便由台北銀行開獎單位，按照它們「數字」的大小順序，排成一列，俗稱「順球」排列（附註二）。

另外，還有一種狀況，它是筆者獨創的見解，只用在本書《數字易經》的拖牌法，也就是，將「特別號」加入六顆順球裡面，同樣按照它們「數字」的大小順序安置，使它們成為七顆「順球」排列，其目的在於找出包含有「特別號」的「雙球碼」為何數？俾便增加「拖牌」的契機，提高下一期開獎的「中獎率」，此法，筆者曾經試用多次，其準確度還算蠻高的。

現在，筆者將數字易經拖牌法，分成三類：一為「單球碼」；二為「雙球碼」；三為「特別號」，並分別詳述如后：

1、「單球碼」拖牌法

所謂「單球碼」，就是指「一顆」號碼球，球面上所標示的阿拉伯「數字」而言，它在「大樂透」內，是指四十九顆球，球面上所標示的號碼，即「01」至「49」數；它若在「小樂透」或「樂合彩」內，則指四十二顆球，球面上所標示的號碼，即「01」至「42」數；至於「迷你樂透」，則指卅七或卅八或卅九顆球，球面上所標示的號碼，即「01」至「37」或「38」或「39」數而言。

※附註二：「樂合彩」因沒有開出「特別號」，所以被筆者排除在外，事實上，它的六顆球的「落球」方式，以及「順球」排列方式，一律與前述的七顆球相同。

無論大小（或迷你）樂透，在開獎時，都會落下七顆球，球面上共可出現七個「號碼」（包括「特別號」在內），這七個號碼，就是筆者所稱的「單球碼」，在拖牌時，這七個號碼都可以鎖定為「浮標碼」（詳見附註三），它用來尋找「易經八卦版路」內，與它具有連結性或關聯性的「數碼」，包括有其他的「單球碼」以及「雙球碼」，前者在拖牌時可以直接取用，但以玩法的「最大碼」為底限，凡是數目超出最大碼數目時，均應視為「雙球碼」；至於後者，則因它是由「雙球」（指順球而言）相併湊而成，所以，除了玩「百號數」者，可以直接取用外，其他玩「單球碼」者，則必須將「雙球碼」內的「左碼」，恢復為前球內的「個位數」（亦是前球號碼的「尾數」），再將其「右碼」，恢復為後球內的「個位數」（亦是後球號碼的「尾數」），舉例說明如下：

譬如「雙球碼」為「47」數，那麼「前球」個位數為其左碼「4」數，而「後球」個位數為其右碼「7」數，如此地便可了解到「前球」尾數為「4」尾，而「後球」尾數為「7」尾。

※附註三：

甲、94年元月25日起開獎的「樂合彩」適用之，但是必須少算一顆「特別號」的號碼球。

乙、有關「單球碼」拖牌法之實例演練，可從本書第八章內的「單浮標」及「雙浮標」拖牌法範例中，獲得啟示。

上例中的「4」尾，可以列出「04」、「14」、「24」、「34」、「44」等尾數，視大小（或迷你）樂透的最大碼為選擇的底限；另一個「7」尾，可以列出「07」、「17」、「27」、「37」、「47」等尾數，同樣，視大小（或迷你）樂透的最大碼為選擇的底限。

2、「雙球碼」拖牌法

所謂「雙球碼」，就是指按照數字大小順序，排列在前後的兩顆開獎號碼球，球面上所標示的「個位數」互相併湊在一起的「數碼」而言，筆者將它分成兩類，述之如下：

第一類指開獎後，由六顆號碼球（不含特別號在內）按照數字大小順序排列後，所求出的「百號數」，總共只有五個，它們都可以作為「浮標碼」（詳見附註四），用來尋找下一期樂透可能會開出的「號碼」。

第二類指開獎後，將「特別號」，視其數字的大小，安置在第一類順球排列的號碼裡面，使它變成為七顆順球排列，然後取用它們每一顆球球面上的「個位數」，互相組合成為六個「百號數」，它們會因為特別號的從中加入而改變其「數目」，無法維持第一類百號數的原貌，不過，其拖牌功能完全一樣（附註四）。

3、「特別號」拖牌法

在香港發行的「六合彩」，以及台北銀行所發行的「樂透」玩法中，第七次落下的號碼球，均視為「特別號」，該碼在未計算在內的獎項中，不知打敗了多少玩家們，但它卻不失為「拖牌」的好「浮標」碼，至於它的拖牌方法，完全視「特別號」本身的位置來決定，筆者將它分為兩種狀況，來加以解說：

一為當作「單球碼」來使用時，為免重覆，其拖牌方法與前述「單球碼」拖牌法相同，在此不多贅述。

二為當作「順球」來使用時，必須按照大小順序在原來的六顆順球內安置，變成為七顆順球，若如此拖出的「百號數」，則與原先六顆順球拖出的「百號數」不相同，亦即會產生下列三種現象：

※附註四：

甲、有關「雙球碼」拖牌法之實例演練，可從本書第八章內的「單浮標」及「雙浮標」拖牌法範例中，獲得啟示。

乙、第一類的六顆順球排列，其拖牌法適用於「樂合彩」；因「樂合彩」不開「特別號」，所以不能適用於第二類的七顆順球排列拖牌法。

第一現象：「特別號」若被排列在最前面第一球時，其個位數可與第二球的個位數，併列成為一個新的「百號數」，其拖牌方法，即如前述「雙球碼」拖牌法。

第二現象：「特別號」若被排列在最後一球時，那麼它的個位數，便要與前面順球號碼的個位數，併列成為一個新的「百號數」，其拖牌方法如第一現象所述。

第三現象：「特別號」被安置在原來的第一順球與第六順球之間時，便會產生兩個新的「百號數」，亦即「特別號」前一球內的個位數作為新百號數的「左碼」，而特別號內的個位數作為「右碼」；另外，「特別號」內的個位數作為第二個新百號數的「左碼」，而後一球號碼內的個位數作為第二個新百號數的「右碼」。同理，兩個新百號數的拖牌方法，亦如第一現象及第二現象的拖牌法一樣。

（三）「拖牌」時容易失誤之情形

筆者在文中所述「拖牌法」，可以命名為「易經拖牌法」，以便和其他拖牌法有個區別，經筆者多次試用，成果輝煌，只是有時往往有漏網之魚，或曰：「捉龜走鱉」（俚語），茲分述幾個狀況如下，以便自我警惕：

第一狀況：開出「棄用牌」

通常使用「易經拖牌法」時，常常會引出多條軌道，用牌者往往不願取用太多的號碼，而常有主觀的選擇性產生，亦即開獎時，其出現的數碼，往往就是被遺棄不用的軌道內號碼，時有遺珠之憾。

第二狀況：開出「連莊牌」

當玩家選用上期某號碼來拖出下期號碼時，常會遇到上期某號碼在下期「連莊」開出，這種號碼的「連莊」特性，很難有預警跡象出現，也是一般玩家們難以拿捏之處。

第三狀況：開出「倒拖牌」

筆者所說的「倒拖牌」，經常戲稱為「關公倒拖刀」的牌，意即防不勝防的意思，比如說，我們使用第一期內的「甲碼」，拖帶出第二期內的「乙碼」，照理，我們會用該「乙碼」來拖帶出第三期內的「丙碼」，但開獎時，卻往往發現第一期內的「甲碼」，被第二期內的「乙碼」反拖而出，開在第三期內，這種現象也是玩家頭痛之處。

「倒拖牌」之名稱，很特殊而且意義模糊，容易使人誤解，筆者特別舉出兩個範例，分析如后：

請看大樂透93年10月14日（週四）特別號開出單球碼「25」，它是先被前面小樂透93年10月12日（週二）內的單球碼「28」帶出，但卻在隔日93年10月15日（週五）小樂透內，將「28」數，倒拖而出，同時也將同卦的百號數「92」（前碼為「09」數，後碼為「12」數）帶出；更妙的是，在下一期大樂透93年10月18日（週一）內，卻由前面小樂透93年10月15日（週五）內的單球碼「28」及雙球碼「92」，共同將93年10月14日內的「25」數反拖而出。

至於民國94年的範例，則在大樂透94年4月14日（週四）開出單球碼「36」，下期大樂透94年4月18日（週一）帶出同卦的雙球碼「00」（前碼為「20」數，後碼為「30」數），結果在下下期大樂透94年4月21日（週四）內，竟然將「36」數反拖而出。

第四狀況：號碼延期開出

因為台北銀行大小（或迷你）樂透（含樂合彩）相隔開獎，拖牌時，往往使用到上期內的「大樂透」以及上期內的「小（或迷你）樂透（含樂合彩）」開獎號碼，所以我們所預測的號碼，它的開獎時機，不一定會在下期的「樂透」內開出，往往會跳過這一期，而在下下期的「樂透」內開出，此亦為拖牌者之痛點。

第五狀況：號碼開在「特別號」內

我們所拖出的號碼，經常會遇到在開獎時，它竟然就是第七落球，此亦為玩家洩氣所在。例如：93年10月1日（週五）小樂透開出單球碼「17」，以及雙球碼「97」（前碼為「09」數，後碼為「17」數），它們在93年10月4日（週一）大樂透內帶出具有「同卦」及「共生」關係的單球碼「24」，結果發現它竟然開在「特別號」內。

在數字遊戲裡面，有些獎項將「特別號」計算在內，才能算是中獎，但多數獎項，均未將「特別號」計算在內，也就是說，我們辛辛苦苦拖出來的「號碼」，竟然開在「特別號」，玩家等於是看得到，但卻吃不到，真叫人扼腕興嘆！

第六狀況：單球碼化成雙球碼

玩家所拖出的「單球碼」，開獎時，卻變成為「雙球碼」，例如：用前例大樂透93年10月4日（週一）特別號內的單球碼「24」，它可以拖出同卦的單球碼「17」，假若玩家用它來下注時，卻發現93年10月5日（週二）小樂透內開出了雙球碼「17」（前碼為「21」數，後碼為「27」數），其懊惱的情形，真會讓人頓足。

第七狀況：雙球碼合成單球碼

玩家所拖出的「雙球碼」，開獎時，卻發現變成了「單球碼」，例如：93年11月30日（週二）小樂透內的特別號為單球碼「26」，它只有一個同卦的「47」數，該「47」數，因超過「42」數，所以它在大樂透內，可以用「單球碼」的面目出現，也可以「雙球碼」的面目來出現，具有「兩棲」的特色，玩家如果將它化成「雙球」來下注時，比如選用「14」及「17」下注時，結果，在93年12月2日（週四）大樂透內，卻直接開出單球碼「47」，其感傷有如馬失前蹄。

第八狀況：開出不同組雙球碼

玩家所下注的「雙球碼」，開獎時，若有開出相同的「百數號」，但落球時，卻落下不同組的「雙球碼」，例如93年11月26日（週五）小樂透內的「19」數，其同卦的百號數為「82」，玩家若用「18」及「22」下注時，結果，在93年11月30日（週二）小樂透內，卻開出前碼為「08」數，後碼為「12」數的雙球碼「82」，其滋味如前。

（四）拖牌失誤免疫法（解套法）

第一法：使用易經拖牌法，不論有多少條軌道，全部使用，即可防止「失蹄」之憾。

第二法：上期號碼，若有可能在下期「連莊」時，便將它再納入下期來下注，則可除「遺珠」之憾。

第三法：若判斷第一期內的「甲牌」，有可能被第二期內的「乙牌」反拖而出時，那麼下注時，便要將「甲牌」納入第三期內使用，以避開「關公倒拖刀」之險。

第四法：所選出的號碼，若未在預期的「樂透」內開出時，不可氣餒，將此碼順延在下期的「樂透」內再用之，往往有「起死回生」之妙。

第五法：若拖帶出「單球碼」時，最好要把它化成為「雙球碼」來兼顧。譬如，若拖帶出單球碼「３６」時，其雙球碼，則有「０３、０６」、「１３、１６」、「２３、２６」、「３３、３６」，以及「４３、４６」五對，視玩法而決定其「對數」。

第六法：若拖帶出「雙球碼」，而其數目未超出玩法「最大碼」時，與該「雙球碼」同數的「單球碼」，也要兼顧，一起下注，即如前例裡面的單球碼「３６」。

八、拖牌理論——「浮標」說

（一）「浮標」的意義

筆者所指的「浮標」就是指釣魚者所使用的釣具名稱，它的作用就是當魚兒正在啃食或吞噬魚餌時，會拉動浮在水面上的「標竿」，若在無風的狀態下，由靜止狀態，突然左右晃動，或往水下沈沒時，那就表示魚兒已上鈎，這時在岸上的垂釣者，便可以從「標竿」的動態，而將釣魚竿往上提高，並將沈在水裡的釣線以及上鈎的魚兒拉到岸上，結果，就是垂釣者釣到了一條魚，甚至多條魚（魚鈎必須在兩個以上才能做到），這根能夠預警「魚兒」已上鈎的「標竿」，就是筆者所說的「浮標」；同理，如果用在「拖牌」方式上，讀者只要能夠在當期開出的中獎號碼內，挑出自己認為可以當作「浮標」的重點號碼，無論是「單球碼」或是「雙球碼」，都可以當作「浮標」來使用，如果選對了「浮標」號碼，然後按圖索驥地從《數字易經》內的「易經八卦版路」裡面去尋找最有可能在下一期樂透內開出的「號碼」，並使用它來「下注」，這些號碼，就是筆者所稱呼的「魚兒」。

「拖牌」者，就如釣客一樣，若想要在同一條魚線上釣到多條魚的方法，就是多用幾個「釣鈎」及多掛幾個「魚餌」即可，所以，我們若想要拖帶出更多的「號碼」，唯一的辦法，就如釣魚一樣，多鎖定數個「浮標碼」即可，目前，筆者只剖析「單浮標」及「雙浮標」拖牌法，至於其他多「浮標」拖牌法，因它只是衍生「單」「雙」浮標的拖牌方法而已，這裡不予贅述，這些部份留給讀者們自己去體會，只要能夠舉一反三，自然可以領會其中的竅門所在。

（二）「單浮標」拖牌法

所謂「單浮標」，就是指只用一種號碼來作為「浮標」的意思，這種號碼分為兩類，一為「單球碼」，另一為「雙球碼」，筆者將它們分別用「實例」來加以証明。

1、浮標碼為「單球碼」情形

（1）小（或迷你）樂透拖出小（或迷你）樂透號碼情形──舉例說明

以下二例為93年開獎期，當年已有大樂透穿插其間，但是它們仍走老路，亦即小樂透照樣自己帶出下一期的小樂透，茲說明如下：

◎93年5月21日（週五）開出單球碼「12」；93年5月25日（週二）帶出同卦的單球碼「10」。

◎93年8月20日（週五）開出單球碼「12」；93年8月24日（週二）帶出

同卦的單球碼「10」。

以上二例，可從數字易經第10卦「天澤履」八卦版路，來加以証實。

（2）大樂透拖出小（或迷你）樂透號碼情形——舉例說明

◎93年8月30日（週一）大樂透，開出單球碼「47」；結果，在93年8月31日（週二）小樂透內，帶出同卦的單球碼「26」。

◎93年10月21日（週四）大樂透開出單球碼「48」；結果，在93年10月22日（週五）小樂透內，帶出同卦的單球碼「16」。

以上二例，可從數字易經第16卦「雷地豫」，及第47卦「澤水困」八卦版路，來加以証實。

（3）大樂透拖出大樂透號碼情形——舉例說明

◎93年9月9日（週四）大樂透開出單球碼「49」；結果，在93年9月13日（週一）大樂透內，帶出同卦的單球碼「23」。

◎93年10月7日（週四）大樂透開出單球碼「32」；結果，在93年10月11日（週一）大樂透內，帶出同卦的單球碼「45」。

以上二例，可從數字易經第32卦「雷風恒」，及第49卦「澤火革」八卦版路，來加以証實。

（4）小（或迷你）樂透拖出大樂透號碼情形——舉例說明

◎93年6月11日（週五）小樂透開出單球碼「18」；結果，在93年6月14日（週一）大樂透內，帶出同卦的單球碼「12」。

◎93年9月7日（週二）小樂透開出單球碼「41」；結果，在93年9月9日（週四）大樂透內，帶出同卦的單球碼「34」（特別號），以及共生牌「21」碼。

以上二例，可從數字易經第12卦「天地否」，及第34卦「雷天大壯」八卦版路，來加以証實。

2、浮標碼為「雙球碼」情形

（1）小（或迷你）樂透拖出小（或迷你）樂透號碼情形——舉例說明

◎93年6月29日小樂透浮標碼鎖定百號數「88」（前碼為「08」數，後碼為「18」數），它的魚兒，就是93年7月2日小樂透內的「29」碼。

◎93年9月14日小樂透浮標碼鎖定百號數「88」（前碼為「08」數，後碼為「18」數），它的魚兒，就是93年9月17日小樂透內的「29」碼。

以上二例，可從數字易經第2卦「坤為地」八卦版路，來加以證實。

證實。

（2）大樂透拖出小（或迷你）樂透號碼情形——舉例說明

◎93年10月18日大樂透浮標碼鎖定百號數「58」（前碼為「25」數，後碼為「38」數），它的魚兒，就是93年10月19日小樂透內的「22」碼。

◎93年10月21日大樂透浮標碼鎖定百號數「00」（前碼為「10」數，後碼為「20」數），它的魚兒，就是93年10月22日小樂透內的「36」碼。

以上二例，可從數字易經第36卦「地火明夷」及第58卦「兌為澤」八卦版路，來加以證實。

（3）大樂透拖出大樂透號碼情形——舉例說明

◎93年9月30日大樂透浮標碼鎖定百號數「50」（前碼為「15」數，後碼為「20」數），它的魚兒，就是93年10月4日大樂透內的「35」碼。

◎93年10月18日大樂透浮標碼鎖定百號數「58」（前碼為「25」數，後碼為「38」數），它的魚兒，就是93年10月21日大樂透內的「20」碼。

以上二例，可從數字易經第35卦「火地晉」及第58卦「兌為澤」八卦版路，來加以証實。

（4）小（或迷你）樂透拖出大樂透號碼情形——舉例說明

◎93年9月7日小樂透浮標碼鎖定百號數「85」（前碼為「28」數，後碼為「3

5」數），它的魚兒，就是93年9月9日大樂透內的「21」碼。

◎93年9月14日小樂透浮標碼鎖定百號數「82」（前碼為「18」數，後碼為「22」數），它的魚兒，就是93年9月16日大樂透內的「19」碼。

以上三例，可從數字易經第19卦「地澤臨」及第21卦「火雷噬嗑」八卦版路，來加以証實。

3、連環拖牌神奇範例

筆者為了強調《數字易經》的神奇性與準確性，特別舉出兩個範例，以資証明。

【第一範例】先從「大樂透」拖出下一期「大樂透」號碼後，接著拖出下一期「小樂透」號碼的情形，詳述如下：

（1）先選用大樂透93年10月28日（週四）開獎號碼內的單球碼「24」，作為「浮標碼」。

（2）然後，再從數字易經第2卦「坤為地」八卦版路內，找出與「24」數最接近的百號數「88」，結果，在大樂透93年11月1日（週一）開獎號碼內，真有百號數「88」（前碼為「28」數，後碼為「38」數）。

（3）接著，採用該雙球碼「88」作為「浮標碼」，然後再從數字易經第2卦「坤為地」

八卦版路內，尋找可能上鈎的「魚兒」（指開獎號碼）。

（4）結果，從93年11月2日（週二）小樂透開獎號碼內，發現有單球碼「02」及「29」，以及百號數「93」（前碼為特別號「29」數，後碼為「33」數），同時在當天也帶出了與「29」數同卦的兩個6尾碼，亦即「16」數，與「26」數，它們雖然未併列開出，但卻有「66」之象。

（5）由上觀之，第2卦內的八卦版路號碼，除了共生牌百號數「84」未露臉外，幾乎全部出籠，真使筆者嘆為奇蹟。

【第二範例】先從「小樂透」拖出下一期「大樂透」號碼後，接著拖出下一期「小樂透」號碼的情形，詳述如下：

（1）先選用93年12月24日（週五）小樂透開獎號碼內的單球碼「02」，作為「浮標碼」。

（2）然後，再從數字易經第2卦內的八卦版路尋找出，與「02」數最接近的「29」及「24」數，結果，在93年12月27日（週一）大樂透開獎號碼內，發現開出了單球碼「24」。

（3）接著，採用該單球碼「24」，以及上一期小樂透內的單球碼「02」，共同作為「浮標碼」，然後再從數字易經第2卦內的八卦版路，尋找最可能上鈎的「魚兒」(指開獎號碼)。

(4)結果，在93年12月28日(週二)小樂透開獎號碼內，發現開出了與「02」數，互有共生關係的單球碼「29」，其實，該「29」數與「24」數，也有「遠親」共生關係存在(詳見後述八卦版路)。

筆者特意舉出上述兩個「範例」，旨在一方面可以用來引導《易經》初學者，作為「拖牌」指南；另一方面，則想與讀者們，共同來讚嘆四大聖人「伏羲」、「文王」、「周公」及「孔子」，合著《易經》的偉大與神奇。

上述兩個範例，出自同一條版路，也就是周易第2卦「坤為地」八卦版路，筆者為了節省讀者們翻閱的時間，特意將該版路抄錄如后，以方便對照及印証之用。

```
84—24—88
       |
      02
       |
      66—29—93
```

（三）「雙浮標」拖牌法

所謂「雙浮標」，就是指兩個「浮標碼」的意思，雙浮標拖牌法，就是從上期「樂透」開獎號碼裡面，找出兩個「浮標碼」，作為下期樂透拖牌之用的方法，大體上，筆者將它分為兩類，第一類為「雙浮標」都採用自同一期開獎號碼；第二類為「雙浮標」跨越離下期開獎日最接近的兩種不同樂透開獎號碼，現在就分別詳論如下：

第一類——用同一期樂透開獎號碼拖牌情形

「雙浮標」都採用自同一期樂透開獎號碼，然後拖出下一期樂透用「下注碼」的情形，其狀況可細分為三：

1、雙浮標都是「單球碼」時——舉例說明

（1）小樂透91年4月30日開出「11」及「33」兩個單球碼；結果，在下期小樂透91年5月3日內，由單球碼「11」，帶出同卦百號數「75」（前碼為「07」數，後碼為「15」數），另由單球碼「33」，帶出同卦單球碼「17」。

（2）小樂透91年5月31日開出「14」及「31」兩個單球碼；結果，在下期小樂透91年6月4日內，帶出同卦的單球碼「27」。

（3）小樂透91年7月2日開出「32」及「33」兩個單球碼；結果，在下期小樂透91年7月5日內，由單球碼「32」，帶出共生牌「28」單球碼，也由單球碼「33」，帶出同卦的單球碼「17」。

（4）小樂透93年10月15日開出兩個同卦的單球碼「12」及「18」；結果，「12」與「18」兩個單球碼，不但在93年10月18日大樂透內帶出與單球碼「12」同卦的單球碼「10」，同時也在下期的小樂透93年10月19日內，帶出相同的單球碼「10」，更且連莊同卦的單球碼「18」。

以上四例，可從數字易經第11卦、第33卦、第31卦、第32卦，以及第12卦內的「八卦版路」，來加以証實。

2、雙浮標都是「雙球碼」時——舉例說明

（1）小樂透91年11月8日開出「04、14」及「27、32」兩個雙球碼；結果，在下期小樂透91年11月12日內，由百號數「44」，帶出同卦的百號數「51」（前碼為「25」數，後碼為「31」數），另由百號數「72」帶出同卦的單球碼「41」。

（2）小樂透93年8月31日開出「27、32」及「21、26」兩個雙球碼；結果，在鄰近的大樂透93年9月2日內，由百號數「72」帶出同卦的單球碼「41」；

而在下期小樂透93年9月3日內，由百號數「16」帶出同卦的百號數「48」(前碼為「34」數，後碼為「38」數)。

以上二例，可從數字易經第41卦、第44卦，以及第16卦內的「八卦版路」，來加以証實。

3、雙浮標內，一為「單球碼」，另一為「雙球碼」時。

因為「雙球碼」是由兩個按照大小順序併列的「單球碼」所合成，所以「雙浮標」可以「分開」(附註一)使用，也可以「混合」(附註二)使用。

筆者將它們分述如下：

(1)單球碼與雙球碼分開情形——舉例說明

◎小樂透91年3月12日開出單球碼「12」，及雙球碼「16、26」；結果，在下期小樂透91年3月15日內，由單球碼「12」帶出同卦的單球碼「10」，也由百號數「66」帶出同卦的單球碼「29」。

※附註一：單球碼要與雙球碼「分開」的唯一要件，就是單球碼本身的數碼，與雙球碼內任何一球球面上的數碼，絕對不相同，所以，它們必須分開來拖牌。

◎小樂透93年8月20日開出單球碼「12」，及雙球碼「28、34」；結果，在下期的小樂透93年8月24日內，由單球碼「12」帶出同卦的單球碼「10」，另由百號數「84」帶出同卦的單球碼「24」。

◎大樂透93年10月21日開出雙球碼「10、20」，以及單球碼「48」；結果，在隔日小樂透93年10月22日內，由百號數「00」帶出同卦的單球碼「36」，也由單球碼「48」帶出同卦的單球碼「16」。

以上三例，可從數字易經第10卦、第29卦、第24卦、第36卦，以及第16卦內的「八卦版路」，來加以証實。

（2）單球碼與雙球碼混合情形——舉例說明

◎小樂透91年3月15日開出單球碼「29」，及雙球碼「29、36」；結果，在下期小樂透91年3月19日內，由單球碼「29」帶出共生牌「02」單球碼，也由百號數「96」帶出同卦的單球碼「32」。

※附註二：單球碼要與雙球碼「混合」的唯一要件，就是單球碼本身的數碼，與雙球碼內其中一球球面上的數碼，絕對相同，所以，它們才可以混合在一起來拖牌。

◎小樂透91年9月6日開出單球碼「34」，及雙球碼「34、38」；結果，在下期小樂透91年9月10日內，由單球碼「34」，帶出同卦的單球碼「21」，另由百號數「48」帶出同卦的百號數「16」（前碼為「21」數，後碼為「26」數）。

以上三例，可從數字易經第29卦、第32卦、第21卦，及第16卦內的「八卦版路」，來加以証實。

第二類——跨越大小（或迷你）樂透開獎號碼拖牌情形

「雙浮標」跨越離下期開獎日最接近的大樂透與小（或迷你）樂透開獎號碼，然後拖出下一期樂透「下注碼」的情形，其狀況如第一類，亦可細分為三：

1、雙浮標都是「單球碼」時——舉例說明

（1）大樂透93年1月22日開出單球碼「28」，另外在隔日小樂透93年1月23日開出與「28」數同卦的單球碼「25」；結果，在下期大樂透內共同帶出與「25」數同卦，而與「28」數具有共生關係的單球碼「14」（請查閱93年元月26日大樂透開獎紀錄，即見分曉）。

（２）小樂透９３年６月２９日開出單球碼「４１」，另在鄰近大樂透９３年７月１日開出單球碼「４４」；結果，在下期小樂透９３年７月２日內，由前碼「４１」，帶出其共生牌「２１」單球碼，並由單球碼「４４」帶出其同卦的單球碼「１５」，以及百號數「５１」（前碼為「１５」數，後碼為「２１」數）。

（３）小樂透９３年９月１０日開出單球碼「１２」，另在鄰近大樂透９３年９月１３日開出與「１２」數同卦的單球碼「１０」；結果，在下期小樂透９３年９月１４日內，共同帶出與「１２」數同卦，而與「１０」數具有共生關係的單球碼「１８」。

以上三例，可從數字易經第２８、２１、１５、５１、１０、１２等卦內的「八卦版路」，來加以証實。

２、雙浮標都是「雙球碼」時——舉例說明

（１）大樂透９３年８月５日開出雙球碼「２４、２７」，另在隔日小樂透９３年８月６日開出雙球碼「３６、４２」；結果，在下期大樂透９３年８月９日內，共同帶出與百號數「４７」同卦，而與百號數「６２」具有共生關係的單球碼「２６」。

※百號數「４７」與百號數「６２」同卦。

（２）小樂透９３年８月１３日開出雙球碼「０６、０９」，另在鄰近的大樂透９３年８月

１６日開出雙球碼「０６、１１」；結果，在下期小樂透９３年８月１７日內，由百號數「６９」及「６１」共同帶出同卦的單球碼「０５」。

以上三例，可從數字易經第４７卦及第５卦內的「八卦版路」來求証。

３、雙浮標內，一為「單球碼」，另一為「雙球碼」時。

在此狀態下，其情形與第一類相同，同樣是兩種狀況，分述如下：

（１）單球碼與雙球碼分開情形——舉例說明

◎小樂透９３年２月１７日開出雙球碼「０７、１２」，另在鄰近大樂透９３年２月１９日開出單球碼「２１」；結果，在下期小樂透９３年２月２０日內，由百號數「７２」帶出同卦的單球碼「４１」，而由單球碼「２１」帶出同卦的單球碼「３４」。

◎小樂透９３年６月２２日開出單球碼「２８」，另在鄰近的大樂透９３年６月２４日開出雙球碼「２９、３６」；結果，在下期小樂透９３年６月２５日內，由單球碼「２８」及百號數「９６」共同帶出同卦又有共生關係的單球碼「３２」。

◎小樂透９３年９月７日開出雙球碼「２８、３５」，另在鄰近的大樂透９３年９月９日開出「２１」及「３４」兩個單球碼；結果，在下期小樂透９３年９月１０日內，由百號數「８５」，以及「２１」、「３４」兩個單球碼，共同帶出同卦的單球碼「２１」，以及百號數「４１」（前碼為「１４」數，後碼為「２１」數）。
以上三例，可從數字易經第４１卦、第２１卦及第３２卦內的「八卦版路」，來加以証實。

（２）單球碼與雙球碼混合情形——舉例說明

◎小樂透９３年２月１３日開出單球碼「１８」，另在鄰近的大樂透９３年２月１６日開出雙球碼「１８、１９」；結果，在下期小樂透９３年２月１７日內，由單球碼「１８」帶出同卦的單球碼「１２」，又在下期大樂透９３年２月１９日內，由百號數「８９」帶出同卦的單球碼「２５」。

◎小樂透９３年９月１７日開出雙球碼「０５、１２」，另在鄰近的大樂透９３年９月２０日開出單球碼「０５」；結果，在下期小樂透９３年９月２１日內，由百號數「５２」及單球碼「０５」，共同帶出同卦的百號數「６１」（前碼為「２６」數，後碼為「３１」數）。

以上二例，可從數字易經第１２卦、第２５卦，以及第５卦內的「八卦版路」，來加以証實。

（四）作者的話

由以上諸例中，可以看出數字易經的「浮標說」拖牌法，其中獎機率很高，但要知道它並非「定律」（比如說「一加一」等於「二」之類），譬如雙球碼「００」浮標，從過去開獎紀錄內，可以知道，它帶出單球碼「３６」的機率很高，但有時卻帶不出來；另例單球碼「１２」，從過去開獎紀錄內，可以知道，它帶出同卦單球碼「１０」的機率也很高，但有時也會帶不出來。

因此，讀者在選擇「浮標碼」時，要好好審思，不能盲目下注太多金錢，否則若遇到失蹄的馬時，騎在馬背上的騎士，肯定會栽一個筋斗。我們如果能夠找出好的「浮標碼」，就好像旅行團遇到了好的「導遊」一樣，他或她可以幫助旅行團盡興地玩，使團員增加很多的快樂，同樣道理，遇到好的「浮標碼」，它會為拖牌者找到吉利的開獎號碼，但請記住，任何一種拖牌方法或資料，絕對沒有人敢打包票，把它說成為有如「一加一等於二」那樣的「定律」，若如此，就沒有彈性的空間可言，那麼「大小（或迷你）樂透」與「樂合彩」，不就變成了無趣的遊戲嗎？

九、《數字易經》吉碼速查秘法

大小（或迷你）樂透及樂合彩，在開獎完畢時，會有兩種排列方式，一為「落球」次序排列，叫做「落球法」；另一為「順球」大小次序排列，叫做「順球法」。本書數字易經未將「落球法」列入研究範圍，而只研究「順球法」，本書不只研究未包括「特別號」在內的順球法（指開獎單位所玩的「六球順序排列法」），更進一步也研究有包括「特別號」在內的順球法（指本書拖牌專用的「七球順序排列法」），筆者會在後面舉例說明，在說明中所提到的「６４」數，係指周易六爻卦的「數目」，先在這裡點出其「出處」，以免大家霧裡看花，愈看愈模糊。

筆者所稱的「吉碼速查秘法」有兩種，茲分述如下：

（一）用當期「單球碼」，加「６４」數，求出下期「雙球碼」。

「單球碼」之數目侷限於「０１」至「３６」數，當加入「６４」數時，其和數，就會出現「百號數」，亦即「雙球碼」；若要下注時，則將該「雙球碼」轉化成為兩個單球碼，比如說：９３年１０月１２日（週二）小樂透內開出單球碼「３１」，加「６４」時，則成為雙球碼「９５」數，因下一期為９３年１０月１４日（週四）大樂透，所以可組合成「９５」數之單球碼，共有四對：

一為「09、15」；二為「19、25」；三為「29、35」；四為「39、45」，結果在當天開出第四對組合，即「39」與「45」兩個單球碼。

當期「單球碼」，若為特別號時，其方法如前，比如說：93年5月27日（週四）大樂透特別號為「36」，加「64」時，則成為雙球碼「100」數，通常用「00」來代表「百數」，隔天，93年5月28日（週五）小樂透，42球可組合成「00」數之單球碼，共有三對：一為「10、20」；二為「20、30」；三為「30、40」，結果在當天三對全開，亦即「10」、「20」、「30」、「40」等四個單球碼全部開出，這種情形，幾乎史無前例，為何要如此開法，大多數人均會像台語所說的「霧剎剎」，其實若熟讀《數字易經》後，必然茅塞頓開，豁然開朗。

（二）用當期「雙球碼」，減「64」數，求出下期「單球碼」。

「雙球碼」之數目，侷限於「65」至「00」數，當減去「64」數時，其餘數，就會出現「單球碼」（詳見附註），此碼就是要在下期樂透下注用的吉碼。

至於「雙球碼」的選用，會因「特別號」的加入與否，而改變其數目，所以必須分開解說，並舉例說明。

1、未加入「特別號」的順球法

依據台北銀行開獎單位在樂透開獎後，按照大小順序排列後的六顆「順球」(特別號除外)，可以組合成五個「百號數」，我們從中先找出大於「64」數以上的數目，然後減去「64」，所得「餘數」，就是下期樂透下注用的吉碼，例如：

◎93年9月7日(週二)小樂透開出百號數「85」(前碼為「28」數，後碼為「35」數)，用「85」減去「64」，餘「21」；結果在93年9月9日(週四)大樂透內，真開出單球碼「21」，更巧的是下一期小樂透93年9月10日(週五)當天也帶出單球碼「21」。

◎93年9月10日(週五)小樂透開出百號數「86」(前碼為「28」數，後碼為「36」數)，用「86」減去「64」，得餘數「22」；結果在下期小樂透93年9月14日(週二)內，真開出單球碼「22」。

※附註：該「單球碼」之數目字，一定比任何一種「數字遊戲」最大碼還小，所以，筆者為免踏入複雜的拖牌走勢，只看作「單球碼」來使用，事實上，讀者們可以自己嘗試將它化成為「兩數」組合來使用，並當作「雙球碼」來下注，為求單純化起見，筆者不想在此多作闡述。

◎93年9月16日(週四)大樂透開出百號數「86」(前碼為「38」數，後碼為「46」數），用「86」減去「64」，餘「22」數；結果，在93年9月17日（週五）小樂透內，真開出「22」單球碼。

2、有加入「特別號」的順球法

台北銀行所推行的「數字遊戲」中，除了四星彩不在本書研究範圍之內，還有「樂合彩」因不開出「特別號」，只能使用公定的「順球法」來作為數字易經拖牌依據，本節特色就是不將「特別號」排除在外，而與其他六球，按照大小順序來排列，形成「七顆順球排列法」，一共可以組合出「六」個百號數，然後從中找出大於「64」數以上的數目，再減去「64」，所得「餘數」，就是下期樂透下注用的吉碼，例如：

◎93年8月3日（週二）小樂透開出百號數「65」（前碼為特別號「26」數，後碼為「35」數），用「65」減「64」，餘「01」數；結果，在下期小樂透93年8月6日（週五）內，真開出「01」單球碼。

◎93年9月16日（週四）大樂透開出百號數「69」（前碼為「26」數，後碼為特別號「29」數），用「69」減去「64」，餘「05」數；結果，在93年9月17日（週五）小樂透內，真開出「05」單球碼，更巧的是下一期大樂透93年9月20日（週一）當天也帶出了單球碼「05」。

◎９３年８月１０日（週二）小樂透開出百號數「８０」兩個，筆者只取用含有特別號的那組「雙球碼」，亦即前碼為特別號「０８」數，後碼為「１０」數，現在用「８０」減去「６４」，餘「１６」數；結果，在９３年８月１２日（週四）大樂透內，真開出單球碼「１６」。

（三）吉碼已開在當期情形之應變

由秘法速查的吉碼，往往在當期就已被帶出，若要在下期樂透下注時，必須考慮它有否連莊可能？然後再作是否下注的決定。

【實例】：９３年１０月５日（週二）小樂透開出百號數「９１」（前碼為「１９」數，後碼為「２１」數），「９１」減去「６４」，餘數為「２７」，它在當期已被帶出；結果，在下期大樂透及小樂透，未見踪影。

（四）球位、數字及百號數都相同，但開獎結果卻不同之範例

筆者曾在前面文章裡面述說過，本書只研究「順球」拖牌法，不研究「落球」拖牌法，所以所稱的「球位」，就是指「順球」的位置而言，「數字」則指該順球球面上的數碼而言。

本章節列入討論的目的，在於提醒投注者要注意節制的問題，同時記住「馬有失蹄，人有失算」的警語，在此特別舉出兩組範例，分別比照說明如下：

【第一組範例】

1．93年9月9日（週四）大樂透第一順球開出單球碼「07」，第二順球開出單球碼「13」，其百號數為「73」，若用「73」減去「64」，則餘數為「09」，它在下一期的大小樂透都未出現。

2．我們看93年9月30日（週四）大樂透，同樣也是第一順球開出單球碼「07」，第二順球也同樣開出單球碼「13」，其百號數也一樣是「73」，但是，用「73」減去「64」的餘數「09」，真在隔日小樂透93年10月1日（週五）內開出單球碼「09」，豈不妙哉！

【第二組範例】

1．93年9月6日（週一）大樂透第三順球開出單球碼「26」，在七球順序排列法中的第四順球剛巧是特別號「29」，其百號數為「69」，用「69」減去「64」的餘數為「05」，但在下一期大小樂透內，均未見其蹤影。

2．我們看93年9月16日（週四）大樂透，同樣也是第三順球開出單球碼「26」，在七球順序排列法中的第四順球也同樣是特別號「29」，其百號數也一樣是「69」，用「69」減去「64」之餘數，也一樣是「05」，結果，在隔日的小樂透93年9月17日（週五）內，真開出單球碼「05」。

※附記：讀者從以上諸多開獎現象，大概已領悟到，玩家抓牌，猶如「貓捉老鼠」，再厲害的貓，也不敢保証自己能夠百發百中地抓得到老鼠，所以，「秘法」雖佳，但在使用時，也不可太過大意，否則自己的腳在走路時，也難免會踢到鐵板，在歷史上「三國演義」裡面，有「大意失荊州」的故事，它正好可以給我們後代的子子孫孫，來一個很好的警惕。

十、大小（或迷你）樂透及樂合彩，間隔式開獎之拖牌方法解說

（一）拖牌原則

不論大小（或迷你）樂透及樂合彩，在下注前，要先將「上期」開獎號碼查出，同時列為「浮標」，第一步先用「單球碼」作為「浮標碼」；第二步再用「雙球碼」（即百號數）作為「浮標碼」；第三步就是將浮標碼內的「數字」，從數字易經內的「八卦版路」找出當期要開的樂透「下注碼」，到底吉碼為何數？如此便完成拖牌手續。

（二）開獎次序「週期」圖

台北銀行的開獎方式為每週一及週四開出大樂透；而每週二及週五開出小（或迷你）樂透及樂合彩，我們若用「一週」視為「一週期」來看，其開獎次序圖，便可以固定如下：

「週一」大樂透↓「週二」小（或迷你）樂透及樂合彩

「週四」大樂透↓「週五」小（或迷你）樂透及樂合彩

從右圖觀之，假設我們只玩開獎當週「週二」小（或迷你）樂透或樂合彩，那麼，當週「週

二」的大樂透開獎號碼，就成為「週二」拖牌用的浮標碼；同理，「週四」的大樂透開獎號碼，也成為「週五」拖牌用的浮標碼。

（三）第二順位「浮標碼」

如果視前項內拖牌用的浮標碼為「第一順位浮標碼」的話，那麼開獎當週週二小（或迷你）樂透及樂合彩的「第二順位浮標碼」，就是上一週內的週五開獎號碼；同理，開獎當週週五小（或迷你）樂透及樂合彩的「第二順位浮標碼」，就是當週週二開獎號碼。

（四）玩「大樂透」之拖牌方法

從第（二）項內的開獎次序圖觀之，開獎當週「週一」大樂透的第一順位浮標碼為上一週內的週五開獎號碼，其第二順位浮標碼，則為上一週週四開獎號碼；同理，開獎當週週四大樂透的第一順位浮標碼為當週週二開獎號碼，其第二順位浮標碼，則為當週週一開獎號碼。

（五）八卦版路配合「規律性版路」拖牌範例

【第一組範例】

1．93年12月21日（週二）小樂透開出「11」及「21」兩個單球碼。

2．最鄰近的大樂透93年12月23日（週四）開出雙球碼「18、23」及單球碼「45」。

3．在下一期的小樂透93年12月24日（週五）內卻開出前日大樂透內「45」數的同卦單球碼「32」。

【第二組範例】

1．94年元月4日（週二）小樂透開出「11」及「21」兩個單球碼。

2．最鄰近的大樂透94年元月6日（週四）也開出雙球碼「18、23」及單球碼「45」。

3．在下一期的小樂透94年元月7日（週五）內同樣開出前日大樂透內「45」數的同卦單球碼「32」。

上述兩組範例內的第1項及第2項出牌方式為「11」、「21」→「18、23」、「45」，它們前後號碼均無卦源關係，但卻在不同時間內出現兩次相同的出牌「模式」，像這樣的「模式」，筆者稱它為「規律性版路」。至於第3項內的出牌方式：「45」→「32」，因單球碼「45」與單球碼「32」同卦，而且在兩條相同的規律性版路後面開出相同的單球碼「32」，像這樣的出牌「模式」，筆者稱它為「八卦版路」（可從數字易經第32卦「雷風恒」八卦版路查知）。

前述兩範例之拖牌綜合模式如下：

「11」、「21」→「18、23」、「45」→「32」

（六）八卦版路高度深層拖牌秘訣及其範例——座標交會處拖牌法

首先，從開獎日期最鄰近的大小（或迷你）樂透及樂合彩裡面，找出開自同一條八卦版路的號碼，然後在該條版路內找出它們的座標交會處（詳見附註），在交會處所出現的號碼往往在下一期樂透內的中獎率非常高，筆者舉例說明如下：

【範例一】

1．94年1月13日（週四）大樂透開出數字易經第25卦八卦版路內的單球碼「31」。

2．隔日，在94年1月14日（週五）小樂透內，開出同一條八卦版路的百號數「89」（前碼為「18」數，後碼為「19」數）。

3．然後，將「89」數及「31」數，同時在第25卦八卦版路內一起觀察，此時會看到它們的座標交會處為「14」數；結果，在下一期大樂透94年1月17日（週一）內，真開出單球碼「14」，同時也帶出同卦的單球碼「25」。

4．前述的百號數「89」，以及單球碼「31」、「14」及「25」，它們的關係圖，正好就是數字易經第25卦「天雷無妄」八卦版路，詳如左表：

```
31—14—78
    |
    25—28—92
    |
    89
```

【範例二】

1．94年4月25日（週一）大樂透開出數字易經第35卦八卦版路內的單球碼「38」。

2．下期大樂透94年4月28日（週四）開出同一條八卦版路的百號數「50」（前碼為

「１５」數，後碼為「２０」數）。

3．然後，將「３８」數及「５０」數，同時在第３５卦八卦版路內一起觀察，此時會看到它們的座標交會處為「３５」數；結果，在下一期大樂透９４年5月2日（週一）內，真開出單球碼「３５」。

4．前述的百號數「５０」，以及單球碼「３８」與「３５」，它們的關係圖，正好就是數字易經第３５卦「火地晉」八卦版路，詳如左表：

```
32—38
    |
    35—50
    |
    99
```

※附註：「座標」解釋：凡是由兩條直線，從九十度垂直交叉而形成的圖形，叫做「座標圖」，其縱線叫「縱座標」，其橫線叫「橫座標」，交叉點叫交會處。

十一、「迷你樂透」與「大樂透」及「樂合彩」三者間，相互拖牌情形

「迷你樂透」（最大碼為單球碼「38」數）自從94年元月25日（週二）起取代過去的「小樂透」（最大碼為單球碼「42」數）後，依附在小樂透開獎號碼對獎的「樂合彩」也自立門戶，另外開出六個號碼（不開「特別號」）來對獎，其最大碼仍然是單球碼「42」數；至於開獎日期，每週一及週四，仍然開出「大樂透」中獎號碼，而每週二及週五，則開出「迷你樂透」與「樂合彩」兩組中獎號碼。

為了方便讀者對於《數字易經》的拖牌應用，以及能夠快速地進入狀況，並掌握中獎號碼的先機，筆者特別開闢本章節，專門針對九十四年「迷你樂透」開始發行，以及「樂合彩」單獨開獎等等狀況的改變，作一個適應性的「拖牌抽樣解析」，筆者將「迷你樂透」、「大樂透」及「樂合彩」三者間，相互拖牌的情形，劃分為三大類，並分別舉例說明如后。

（一）使用「迷你樂透」開獎號碼拖牌法，詳如後述三種情形

1、拖帶出下一期「迷你樂透」開獎號碼之範例：

（1）94年2月8日（週二）迷你樂透開出單球碼「28」，它在下期迷你樂透94年2

月１１日（週五）內帶出其共生牌「３２」單球碼，該碼也可以由上期內的單球碼「３８」帶出，因為「３２」與「３８」碼是同卦關係。

（２）９４年2月１５日（週二）迷你樂透開出單球碼「０１」，它在下期迷你樂透９４年2月１8日（週五）內帶出同卦的單球碼「１１」。

（３）第一期迷你樂透９４年元月２５日（週二）開出百號數「４３」（前碼為「２４」數，後碼為「３３」數），它在下期迷你樂透９４年元月２８日（週五）帶出同卦的單球碼「２１」。

以上三例，可從數字易經第３２卦、第1卦，及第４３卦八卦版路，來加以証實。

2、拖帶出下一期「樂合彩」開獎號碼之範例：

（１）第一期迷你樂透９４年元月２５日（週二）開出單球碼「０１」，它在９４年元月２8日（週五）樂合彩內帶出同卦的單球碼「１１」。

（２）９４年元月２５日（週二）迷你樂透開出百號數「４４」（前碼為「１４」數，後碼為「２４」數），它在９４年元月２８日（週五）樂合彩內帶出同卦的單球碼「１５」。

以上二例，可從數字易經第1卦及第１５卦八卦版路，來加以証實。

3、拖帶出下一期「大樂透」開獎號碼之範例：

（1）第一期迷你樂透94年元月25日（週二）開出單球碼「03」，它在94年元月27日（週四）大樂透內帶出其共生牌「39」單球碼。

（2）第二期迷你樂透94年元月28日（週五）開出單球碼「12」，它在94年元月31日（週一）大樂透內帶出同卦的百號數「76」（前碼為「37」數，後碼為「46」數）。

（3）94年元月28日（週五）迷你樂透開出單球碼「38」，它在94年元月31日（週一）大樂透內帶出同卦的單球碼「35」。

（4）94年2月8日（週二）迷你樂透開出百號數「94」（「94」數有兩個，第一個「94」數，前碼為「09」數，後碼為「14」數；第二個「94」數，前碼為「29」數，後碼為「34」數），它在94年2月10日（週四）大樂透內帶出同卦的單球碼「33」。

以上四例，可從數字易經第3、12、35、30等卦八卦版路，來加以証實。

（二）使用「樂合彩」開獎號碼拖牌法，詳如後述三種情形

1、拖帶出下一期「樂合彩」開獎號碼之範例：

（1）94年2月15日（週二）樂合彩開出百號數「94」（前碼為「29」數，後碼為「34」數），它在下期樂合彩94年2月18日（週五）帶出同卦的單球碼「30」。

（2）94年2月15日（週二）樂合彩開出單球碼「38」，它在下期樂合彩94年2月18日（週五）帶出同卦的單球碼「32」。

以上二例，可從數字易經第30卦及第38卦八卦版路，來加以証實。

2、拖帶出下一期「迷你樂透」開獎號碼之範例：

（1）樂合彩94年2月15日（週二）開出百號數「81」（前碼為「38」數，後碼為「41」數），它在94年2月18日（週五）迷你樂透內帶出同卦的單球碼「11」，以及同卦百號數「75」（前碼為「17」數，後碼為「25」數）。

（2）樂合彩94年元月28日（週五）開出單球碼「15」，它在94年2月1日（週二）迷你樂透內帶出同卦百號數「44」（前碼為「14」數，後碼為「34」數）。

以上二例，可從數字易經第11卦、第15卦或第44卦內八卦版路，來加以証實。

3、拖帶出下一期「大樂透」開獎號碼之範例：

（1）樂合彩94年2月15日（週二）開出百號數「94」（前碼為「29」數，後碼為「34」數），它在大樂透94年2月17日（週四）內帶出同卦的單球碼「30」。

（2）樂合彩94年2月15日（週二）開出單球碼「38」，它在大樂透94年2月17日（週四）內帶出同卦的百號數「35」（前碼為「23」數，後碼為「25」數），以及共生牌百號數「50」（前碼為「25」數，後碼為「30」數）。

以上二例，可從數字易經第30卦及第35卦八卦版路，來加以証實。

（三）使用「大樂透」開獎號碼拖牌法，詳如後述三種情形

1、拖帶出下一期「大樂透」開獎號碼之範例：

（1）大樂透94年2月10日（週四）開出單球碼「33」，它在下期大樂透94年2月14日（週一）內帶出同卦的單球碼「30」，同時也帶出其共生牌「24」單球碼。

（2）大樂透94年2月14日（週一）開出百號數「74」（前碼為「07」數，後碼為「24」數），它在下期大樂透94年2月17日（週四）內帶出其同卦的單球碼「12」。

以上三例，可從數字易經第30、33、10等卦八卦版路，來加以証實。

2、拖帶出下一期「迷你樂透」開獎號碼之範例：

（1）大樂透94年元月27日（週四）開出單球碼「48」，它在94年元月28日（週五）迷你樂透內帶出其同卦的單球碼「16」。

（2）大樂透94年元月31日（週一）開出單球碼「31」，它在94年2月1日（週二）迷你樂透內帶出其同卦的單球碼「14」。

（3）大樂透94年元月31日（週一）開出百號數「15」（前碼為「31」數，後碼為「35」數），它在94年2月1日（週二）迷你樂透內帶出其同卦的百號數「44」（前碼為「14」數，後碼為「34」數）。

以上三例，可從數字易經第16、14、15、44等卦八卦版路，來加以証實。

3、拖帶出下一期「樂合彩」開獎號碼之範例：

（1）大樂透94年2月14日（週一）開出單球碼「24」，它在94年2月15日（週二）樂合彩內帶出其同卦百號數「81」（前碼為「38」數，後碼為「41」數）。

（2）大樂透94年2月17日（週四）開出「14」及「25」兩個同卦的單球碼，它們在94年2月18日（週五）樂合彩內帶出與「25」數有共生關係的單球碼「32」。

以上二例，可從數字易經第17、25、45等卦八卦版路，來加以証實。

十二、數字易經八卦版路「活用」篇

（一）八卦版路內「孿生雙球碼」，可拆開下注及其範例

筆者所說的「孿生雙球碼」，係指「00」、「11」、「22」、「33」、「44」、「55」、「66」、「77」、「88」及「99」等十個百號數而言；至於可以拆開來下注一節，則是指未併列在一起的「同數尾」單球碼可以分開來下注之意，例如：「00」雙球碼，可以分開為兩個「0尾」碼來下注；同理，「99」雙球碼，也可以分開為兩個「9尾」碼來下注，筆者就此舉出數例說明如后。

【範例一】：由單球碼「36」數，帶出同卦的「雙0」碼例子

1．大樂透93年4月12日（週一）開出單球碼「36」數，它在下期大樂透93年4月15日（週四）帶出百號數「00」（前碼為「20」數，後碼為「30」數）。

2．大樂透93年11月4日（週四）開出單球碼「36」，它在小樂透93年11月5日（週五）內帶出兩個未併連在一起的「0尾」碼，即「10」及「30」單球碼。

【範例二】：由單球碼「02」，帶出同卦的「雙8」碼例子

1．大樂透93年3月15日（週二）開出單球碼「02」，它在93年3月16日（週二）小樂透內帶出百號數「88」（前碼為「08」數，後碼為「18」數）。

2．大樂透93年1月12日（週一）開出單球碼「02」，它在下期大樂透93年1月15日（週四）內帶出兩個末併連在一起的「8尾」碼，即「18」及「28」單球碼。

【範例三】：由單球碼「02」，帶出同卦的「雙6」碼例子

1．大樂透93年3月15日（週一）開出單球碼「02」，它在下期大樂透93年3月18日（週四）內帶出百號數「66」（前碼為「06」數，後碼為「16」數）。

2．小樂透93年11月2日（週二）開出單球碼「02」，它在93年11月4日（週四）大樂透內帶出兩個末併連在一起的「6尾」碼，即「26」及「36」單球碼。

以上三個範例，可從數字易經第2卦及第36卦內的八卦版路，來加以証實。

有關上述帶牌情形，其他還有「15」數，可以帶出同卦的百號數「44」，或者兩個「4尾」碼；「21」數，可以帶出共生牌百號數「55」，或者兩個「5尾」碼，這些情形可從數字易經第44卦及第55卦或第43卦內八卦版路，來加以證實。

另外，「38」及「35」兩個單球碼，均與百號數「99」同卦，所以都有帶出「99」雙球碼，或帶出兩個「9尾」碼的機會，筆者寫到這裡時，剛好發現94年4月25、28日，以及5月2日連續三期「大樂透」內有「38」數、「99」數，以及「35」數，三者間互相帶牌的現象，特此頓筆一述如下：

甲例：大樂透94年4月25日（週一）開出單球碼「38」。

乙例：下期大樂透4月28日（週四）被上期「38」數帶出同卦百號數「99」（前碼為「29」數，後碼為「39」數）。

丙例：再下一期大樂透5月2日（週一）被上期「99」數帶出同卦的單球碼「35」。

以上甲、乙、丙三例，可從數字易經第35卦八卦版路，來加以証實。

總而言之，筆者苦口婆心地舉例說明那麼多，其實，旨在告訴讀者要活用《數字易經》，以達到舉一反三的效果，俾便增加中獎的機率。

（二）八卦版路「串聯」拖牌法及其範例

數字易經六十四條「八卦版路」，從表面上來看，它們好像是各自獨立，但在實際運作時，它們是可以互相「串聯」在一起來拖牌。

首先在中獎號碼裡面，找出一個自己認為比較特殊的號碼，然後將它設定為「浮標碼」，該碼就成為「八卦版路」串聯的源頭，從浮標碼拖帶出本身所屬的八卦版路，再從該條版路內找出一個能與其他八卦版路相同的號碼，使它成為兩條版路的橋樑，同理，用相同的「架橋」方法，可以使多條版路連結在一起，此現象就叫做「串聯」，凡是串聯在一起的數字群，筆者稱它為「數字鏈」，由數字鏈可以拖出許多吉碼，其中獎率很高，現由筆者舉出兩個範例，說明如下：

【範例甲】

第一、將94年3月1日（週二）樂合彩內的百號數「99」（前碼為「29」數，後碼為「39」數）設定為「浮標碼」。

第二、再從數字易經第35卦內的八卦版路，找出與百號數「99」同卦的「38」及「35」兩個數碼，然後再用「38」或「35」數來架橋，結果找到與「38」數同卦的「32」數，運用此法繼續延伸下去，並將它們「串聯」在一起，結果得到下列形狀的「數字鏈」，亦即：

27—31
|
14—25（第14卦火天大有）
|
28—45（第28卦澤風大過）
|
32—38（第32卦雷風恒）
|
35
|
99

第三、以「99」開頭的「數字鏈」，筆者均取用「49」碼以內的數碼為主，共有九碼，週三開獎後，接著就是週四開出「大樂透」，我們從94年3月3日（週四）大樂透開獎號碼核對結果，會發現到前述的數字鏈內，竟然開出了四碼，即「25」、「28」、「31」及「32」單球碼，其準確性可以說是很高。

【範例乙】

第一、將94年3月11日（週五）迷你樂透內的單球碼「17」，以及當天樂合彩內的同碼牌「17」，共同設定為「浮標碼」。

第二、再從數字易經第33卦內的八卦版路，找出與「17」數同卦的「33」數及百號數「97」；結果，在94年3月14日（週一）大樂透內，真帶出「33」單球碼，同時也在94年3月15日（週二）迷你樂透內連莊開出單球碼「33」。

另外，在94年3月15日（週二）同一天的樂合彩內也帶出同卦的百號數「97」（前碼為「29」數，後碼為「37」數）。

第三、上述的百號數「97」，也在94年3月17日（週四）大樂透內帶出其共生牌「30」單球碼。

第四、補述前面第一項例94年3月11日（週五）樂合彩內也開出單球碼「24」，它是由同卦的單球碼「17」拖帶而出。

以上各例，可從數字易經第17卦、第30卦及第33卦內的「八卦版路」，來加以証實，這些數碼可以串聯成為共同版路，它就是左列的「數字鏈」，該鏈所有數碼都可被第33卦八卦版路所囊括，所以，筆者就用該版路作為本範例乙的數字鏈，如左：

```
24—17—81
    |
   33—30—94
    |
   97
```

（三）八卦版路「滯留現象」，及其範例

我們經常會聽到地球上的颱風常常有「滯留」原地打轉不走的情形發生，事實上，適用於數字遊戲的八卦版路，也經常會發生「滯留現象」，就因為它會滯留，所以使玩家頭痛而難以捉摸，雖說有趣，但若要抓準其「滯留碼」，則是件難事，筆者特別舉出兩個範例，分別解說如后：

甲、以「樂合彩」拖下期「樂合彩」之範例，首先，提示該滯留版路為數字易經第３３卦「天山遯」八卦版路，其內容如下

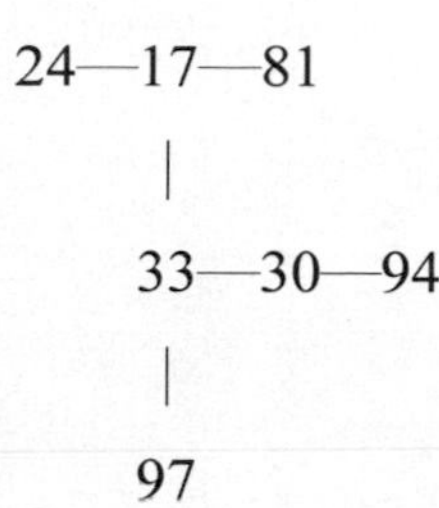

24—17—81
　　|
　　33—30—94
　　|
　　97

範例解說：

【說明一】９４年３月１５日（週二）樂合彩開出百號數「９７」（前碼為「２９」數，後碼為「３７」數）。

【說明二】９４年３月１８日（週五）樂合彩連莊開出百號數「９７」（前碼為「１９」數，後碼為「２７」數）。

【說明三】９４年３月２２日（週二）樂合彩內，由上期百號數「９７」，帶出同卦的百號數「３３」（前碼為「０３」數，後碼為「１３」數），同時，也帶出共生牌「３０」單球碼。

【說明四】９４年３月２５日（週五）樂合彩內，由上期單球碼「３０」，帶出同卦的百號數「９４」（前碼為「０９」數，後碼為「１４」數）。

【說明五】９４年３月２９日（週二）樂合彩內，由上期百號數「９４」，使用「關公倒拖刀」方式，將說明三內的單球碼「３０」帶出。

乙、第二條滯留版路為數字易經第２０卦「風地觀」八卦版路，其內容如后：

```
22—58
    |
    20
    |
    84—24—88
```

範例解說：

【說明一】９４年３月２４日（週四）大樂透內盧開百號數「８４」（前碼為特別號「３８」數，後碼為「４４」數）。

【說明二】「８４」碼在９４年３月２５日（週五）樂合彩內帶出同卦的單球碼「２０」。

【說明三】上述「２０」碼在下一期大樂透９４年３月２８日（週一）內，使用「關公倒拖刀」的方法，將說明一內的百號數「８４」反拖而出，只是前碼變成為「２８」數，而後碼不變，仍為「４４」數。

【說明四】在說明三內同期大樂透，也被單球碼「２０」帶出同卦的百號數「５８」（前碼為「２５」數，後碼為「２８」數）。

十三、「迷你樂透」及「樂合彩」同日「同碼」牌之拖牌要領，及其範例

目前台北銀行將「迷你樂透」以及「樂合彩」中獎號碼排在同一天同一個時段來開出，不論那一類獎號在先或在後開出，它們之間，常發現有「同碼」在同一個時段開出，筆者認為這類「同碼牌」（請閱附註），它的訊號比較強烈，好像廣播電台的「音波」頻率有強有弱一樣，所以用「同碼牌」來擔任「浮標碼」的角色，乃為明智的抉擇，筆者舉出數個相關範例，直接將它的拖牌要領，隨例闡述，只要讀者細心揣摩，自然能融會貫通。

（一）第一例為９４年2月22日（週二）迷你樂透及樂合彩中獎號碼內，同時開出了同碼牌「０８」，結果，在９４年2月２４日（週四）大樂透內帶出了兩碼「共生牌」「０４」及「４１」，可從數字易經第8卦內的「八卦版路」號碼，加以証實。

（二）第二例為９４年3月4日（週五）迷你樂透及樂合彩中獎號碼內同時開出了同碼牌「３４」，結果，在９４年3月7日（週一）大樂透內連莊開出「３４」碼。

（三）第三例為９４年3月１１日（週五）迷你樂透及樂合彩中獎號碼內同時開出了同碼牌「１７」，結果，在９４年3月１４日（週一）大樂透內，帶出同卦的「３３」單球碼，可從數字易經第３３卦內的「八卦版路」號碼，加以証實。

（四）第四例為94年3月15日（週二）迷你樂透及樂合彩中獎號碼內同時開出了同碼牌三個，即「06」、「29」及「37」，它們三碼在94年3月17日（週四）大樂透內發揮了「拖牌」效果，茲分別闡述如后：

1.「06」碼帶出同卦的百號數「70」（前碼為「07」數，後碼為「10」數），從數字易經第6卦八卦版路內的號碼，可以証實。

2.「29」碼帶出共生關係的百號數「02」（前碼為「10」數，後碼為「12」數），從數字易經第2卦八卦版路內的號碼，可以証實。

3.「37」碼，它與「29」碼合併成為百號數「97」，「97」則帶出共生牌「30」單球碼，從數字易經第33卦八卦版路內的號碼，可以証實。

※附註：如果將來「樂合彩」，依附在「迷你樂透」六個順球號碼來對獎時，一樣可將該六個順球碼，全部當作「同碼牌」來使用。

十四、高段拖牌法——梅花易數「觸機」拖牌秘訣，及實例演練

筆者首先來簡介《梅花易數》，它屬於占卜術的一種名稱，是由宋朝哲學家邵雍（字堯夫，諡「康節」）所創作，其起卦方法是用「觸機」為基礎，然後分「先天」與「後天」兩個方法，筆者只採用其「先天」起卦法來拖牌。

至於「觸機」，則是指用卜卦者的「自我」作為中心點，然後用眼睛及耳朵去接觸周圍的一切事物，凡屬「偶發性」或「突發性」或「意外性」的題材，都是屬於「觸機」的範圍，它的最大功用，就是列為起卦的對象。

當「觸機」找到後，接著就要翻閱農民曆，尋找「觸機」發生時的農曆年月日時，其中，「年」取用農曆的年地支數（如子年取1數，丑年取2數，其餘類推）；「月」則直接取其月份數（如12月，則取數「12」等是）；「日」也是直接取其日數（如某月23日，則取數「23」等是）；至於「時」，則以當時所屬的地支數為主，詳如本章「附記」。

當「年」、「月」、「日」、「時」四項數據都找到後，就可以來起卦，首先使用「年」數＋「月」數＋「日」數的總和數，除以「8」，取其「餘數」，求出「上卦」，若餘數為「1」數時，則上卦為「乾」卦；為「2」數時，則上卦為「兌」卦，其他類推。

再來就是，使用「年」數＋「月」數＋「日」數＋「時」數的總和數，除以「8」，取其「餘數」，求出「下卦」，若餘數為「1」數時，則下卦為「乾」卦；為「2」數時，則下卦為「兌」卦，其他類推。

當「上卦」與「下卦」求出後，就可以用來組合出「觸機」卦的「本卦」，以及其「卦數」，這時，可用「上卦數」作為「左碼」，另用「下卦數」作為「右碼」，然後再將「左」「右」兩碼併列在一起，於是它的「本卦卦數」，由此產生。

接著，根據「觸機」卦的「本卦卦數」，查閱周易六十四卦「卦序」表，看該觸機卦被排列在《周易》第幾卦，然後再從「易經八卦版路」裡面，找出它的「全卦卦數」，那麼，該數即為當期或下期樂透「下注」用的號碼。

筆者為使讀者們能夠實際揣摩演練，特意舉出三個實例，闡述如后：

【實例一】（偶發性「觸機」）

（一）時間：94年3月7日（週一），農曆為乙酉年元月27日，下午二時。

（二）觸機：筆者本人左手指指頭，被利器割傷，破一小口，經稍作處理，即無大礙。

（三）起卦：

上卦——（年＋月＋日）÷8

——（10＋1＋27）÷8

——38÷8

——4‥‥餘數為6

——坎卦（☵）

下卦——（年＋月＋日＋時）÷8

——（10＋1＋27＋未時）÷8

——（38＋8）÷8

——46÷8

——5‥‥餘數為6

——坎卦（☵）

觸機卦 ䷜ 坎為水卦

本卦卦數——66

全卦卦數為

66—29—93

（四）結果：

94年3月7日（週一）大樂透當天，開出百號數「66」（前碼為「06」數，後碼為「16」數），第二天3月8日（週二）在樂合彩內，則帶出同卦的單球碼「29」。

【實例二】（突發性「觸機」）

（一）時間：94年3月11日（週五），農曆為乙酉年2月2日，上午十時四十分。

（二）觸機：筆者的外孫，從飯桌座椅上摔落地上，同時桌上飲料倒濕了筆者左褲管。

（三）起卦：

上卦——（年＋月＋日）÷8

——（10＋2＋2）÷8

——14÷8

——1．．．餘數為6

——坎卦（☵）

下卦——（年＋月＋日＋時）÷8

——（10＋2＋2＋巳時）÷8

——（14＋6）÷8

——20÷8

——２・・・餘數為４

——震卦（☳）

觸機卦 ䷂水雷屯卦

本卦卦數——６４

全卦卦數為

６４—０３—６７

（四）結果：

１・首先發現觸機卦中的「０３」碼，已在起卦的前一天，即９４年３月１０日（週四）大樂透內出現過，因此，除非認為該碼可能會連莊，才可繼續下注，否則只可當作「浮標碼」來使用。

２・９４年３月１１日（週五）樂合彩內，真開出觸機卦的本卦卦數，亦即百號數「６４」（前碼為「１６」數，後碼為「２４」數），同時也帶出另一個同卦的百號數「６７」（前碼為「１６」數，後碼為「１７」數）。

３・因前面的兩個百號數「６４」及「６７」，共用單球碼「１６」，所以若依數字大小順序排列時，便會形成「１６、１７、２４」之順球牌型，從表面上看，雖然無法直接看到百號數「６４」的真面目，但實質上，卻存有百號數「６４」的意味。

【實例三】（意外性「觸機」）

（一）時間：94年4月7日（週四），農曆為乙酉年2月29日，下午五時四十分。

（二）觸機：筆者正在傾倒煮沸開水於大茶壺時，突遇電話鈴響起，於是左手持無線電話筒談話，右手則繼續傾倒開水，突然右手所提小茶壺（指中型泡茶用透明壺）的壺蓋被沖落，壺內滾燙開水大量沖出，並撞到下面大茶壺的周邊部份，於是滾水彈回向上噴射，傷到筆者的右下臉頰及右下巴，以及右上頸部，幸好，筆者迅速將患部用冷水敷上，並擦上藥膏，才止住起泡及破皮，但卻隱隱作痛達數十分鐘，真是小意外一件。

（三）起卦：

上卦——（年＋月＋日）÷8

——（酉年＋2＋29）÷8

——（10＋2＋29）÷8

——41÷8

——5．．．餘數為1

——乾卦（☰）

下卦——（年＋月＋日＋時）÷8

——（酉年＋2＋29＋酉時）÷8

──（10＋2＋29＋10）÷8

──51÷8

──6……餘數為3

──離卦（☲）

觸機卦 ䷌ 天火同人卦

本卦卦數──13

全卦卦數為

13─13─77

（四）結果：

在燙傷那天，也就是94年4月7日（週四）大樂透內未中獎，但在隔日，即94年4月8日（週五）迷你樂透開獎時，第一次落下的號碼球，其球面上所標示的數字，竟然就是觸機卦的本卦卦數（兼第一卦序數）「13」，真是妙哉！

（五）作者的話：

雖然「意外牌」也很準確，但是，筆者還是不希望有「意外」的觸機發生，因為大部份的「意外」，如果與身體受到傷害有關，實在不值得。

※附記：十二地支所代表的時辰。

十二個「地支」中，每一個地支，只能代表兩個小時（以現行時鐘為準），而每個地支數，則視其從古至今，被排列時的「次序數」而定，譬如「申」支被排列在第九個位置，那麼它就代表著「9」數，其他詳如下表可以類推之。現將十二地支所代表的「時辰」列出：

（一）子──代表晚上11時至12時，加上隔日12時至清晨1時
（二）丑──代表清晨1時至3時
（三）寅──代表清晨3時至5時
（四）卯──代表清晨5時至上午7時
（五）辰──代表上午7時至9時
（六）巳──代表上午9時至11時
（七）午──代表上午11時至下午1時
（八）未──代表下午1時至3時
（九）申──代表下午3時至5時
（十）酉──代表下午5時至7時
（十一）戌──代表下午7時至晚上9時
（十二）亥──代表晚上9時至11時

十五、用八卦版路解開大樂透魔牌「29」，匿藏五十六期後，重現之謎

大樂透開獎號碼，自從93年9月16日（週四）特別號開出「29」碼之後，該「29」碼，好像是被下了魔咒一樣，竟然匿藏不開出，長達五十六期之久，後來因為遇到了「八卦版路」才解咒，並在94年4月4日（週一）重現江湖。

讀者們！請先從數字易經第29卦「坎為水」八卦版路內查看，就可以知道答案，其版路如左：

88—02—66
　　　　|
　　　29
　　　　|
　　　93

【說明一】94年3月28日（週一）大樂透開獎號碼內，出現了單球碼「02」，我們從數字易經第2卦「坤為地」八卦版路內，可以看出與「02」數相關號碼，如左版路：

84—24—88
|
02
|
66—29—93

【說明二】９４年３月３１日（週四）大樂透開獎號碼內，開出與「０２」同卦的百號數「８８」（前碼為「２８」數，後碼為「３８」數）。

【說明三】９４年４月４日（週一）大樂透開獎號碼內，出現了與「８８」數相同版路的單球碼「２９」，以及百號數「９３」（前碼為「２９」數，後碼為「３３」數）。

由上述可看出，大樂透內的「２９」碼，匿藏了五十六期才開出，並非被下了魔咒，也並非開獎機故障，更非人為作弊，只是出現的「機緣」未到而已。

十六、《數字易經》娛樂性遊戲玩法

所謂「娛樂性」遊戲玩法，筆者是指不涉及「金錢輸贏」的遊戲玩法而言，該法與一般民俗遊戲「拔虎鬚」類似，凡是輸者必須要出錢請客，而贏者成為座上賓，它不但可以促進人際關係，使之更加密切，它也可以提昇大家的感情，使之更為融洽，何樂而不為呢！筆者特此提供玩法，述之如下：

第一、首先要由各位玩家共同商量，設定某一種「樂透」，不論是大樂透、迷你樂透，及樂合彩，甚至香港六合彩，亦或其他國家的「數字」遊戲，都可以列入選擇的對象。

第二、由大家討論決定「特別號」（樂合彩不開此碼），要否列入輸贏的計算範圍。

第三、每一位玩家必須由自己拖牌選出十個（或由玩家們，另外共同設定）數目字，而且限定為「單球碼」，其最大數，則以所設定的「樂透」種類來作決定。

第四、每位玩家可從上一期開出的中獎號碼（不必限制那一類樂透）裡面，鎖定自己認為吉祥的「浮標碼」。

第五、使用「浮標碼」，在數字易經的八卦版路內，搜尋可能會在下一期樂透（或其他）內開出的號碼（包括單球碼，或雙球碼）。

第六、玩家從拖牌當中，由自己選出十個（或另定）單球碼，並且將大家的「選號」，全部列在一張紙上，最好影印或抄錄，分發每人一張，以作依據與公平競爭之用。

第七、等待開獎，並核對中獎號碼與每人手中資料，凡是中獎號碼「數量」（指球數）最少，或者未中一碼的玩家，就是「輸家」，有可能只有一位，也有可能產生兩位，輸者則準備出錢作東請客；為了顧及破費太多，傷了和氣，最好遊戲前就要商量好作東請客的金額，且盡量降低費用為前提。

第八、玩家人數不必固定，這樣才能達到同樂的目的，但是人數如果較多時，則必須考慮到作東請客者的經濟負擔，筆者建議用增加「輸家」人數的方法來平衡，其篩選的標準如下：

（一）有兩人同樣是未中一碼者。

（二）有兩人中獎號碼的「數量」（指球數）相等，而且都是最後一名者。

（三）排名次時，最後一名只有一位玩家時，那麼位居「倒數」第二名者，就是第二位「輸家」的最好人選了。

第九、如果玩家們，都無人中獎時，則延至下期再玩，當期就算扯平，不定輸贏。

十七、結論

我們生活在人世間，無論是什麼樣的「輸贏」遊戲，它都有「手氣」之說，事實上，一般人所說的「手氣」，其實就是指玩家個人的『運氣』而言；就以「數字遊戲」來說，每一個人都有自己的「主觀意識」存在，往往每一個「號碼」的選用，都會受到主觀意識的左右，如此地，無形中便會塑造出所謂的「中獎」運氣。

本書所論述的拖牌方法——易經拖牌法，往往會帶出很多條「軌道」號碼，玩家在選用時，時常會被「手氣」或「運氣」所左右，因為我們不可能將所選出的號碼，都當作「下注碼」來使用，難免會將某些號碼疏離掉，也就是說，捨棄自己認為不太會開出的號碼，畢竟下注的資金仍要控制，不可孤注一擲，要留下翻本的機會。

另外，在坊間，有關「拖牌」（或俗稱「抓牌」）的方法非常多，諸如求神問卜法、靈鳥銜牌法、靈犬法、還有推背圖六十甲子法……不勝枚舉，在此，筆者推荐推背圖內的「日卦」（指每一個「干支」所配上的六爻卦而言），它可以用本書內的「數碼」來換算對照，作為拖牌時的參考，其中獎效果，往往也會有異曲同工之妙。

讀者若能誠心誠意地熟讀與運用本書，如果再配合平日能夠多多行善、累積陰德，將來想要中大獎的機會，很可能就會出現在眼前，最後，筆者在此祝福大家能夠常常中獎，尤其是中大獎。

後記：

本書《數字易經》出版目的，在於協助讀者們多了解一些與數字遊戲相關的「易經八卦版路」，以及它的拖牌方法，至於附件內的開獎紀錄，只是作為「範例」來用，以方便解說，並非本書之主題，所以「大樂透」的開獎紀錄，截止於94年5月16日（週一），而「迷你樂透」及「樂合彩」的開獎紀錄，則截止於94年5月17日（週二），以後開獎紀錄，敬請讀者們自行抄寫，筆者在此，特予致歉！

筆者編著《數字易經》的整個思維，受到宋朝邵康節先生所著的《梅花易數》影響最大，尤其是由台灣竹林書局發行的版本，最為「正宗」（民國六十七年四月第六版），從其〈卷一〉內的「周易卦數」，以及〈卷五〉內的「六十四卦次第歌」，就可以知道《數字易經》的根源所在，筆者順便將它們的內容記述如下，方便讀者們研習。

（一）〈卷一〉周易卦數：

乾一、兌二、離三、震四、巽五、坎六、艮七、坤八

（二）〈卷五〉六十四卦次第歌：

乾坤屯蒙需訟師、比小畜兮履泰否、同人大有謙豫隨、蠱臨觀兮噬嗑賁、剝復無妄大畜頤、大過坎離三十備；咸恒遯兮及大壯、晉與明夷家人睽、蹇解損益夬姤萃、升困井革鼎震繼、艮漸歸妹豐旅巽、兌渙節兮中孚至、小過既濟兼未濟、是為下經三十四。

《數字易經》第十四章高段拖牌法——梅花易數「觸機」拖牌秘訣及實例演練，其起卦方法，乃出自前述《梅花易數》卷一內的「年月日時起例」，其主要內容為「以年月日為上卦，年月日加時為下卦」，其他內容已詳述於數字易經裡面，筆者不再贅述。

作者補述：

本書《數字易經》，正在進行付梓前的校稿作業時，突遇「樂合彩」又改回舊制，亦即取消自立門戶，而依附在小（或迷你）樂透第一落球至第六落球上面的六個號碼，作為中獎的數據；若循舊制玩「樂合彩」時，更有利本書「八卦版路」的拖牌效果，亦即少了一層阻力，我們不必另外拖牌來用，而且這種改變，並不能影響本書的拖牌功能，所以，筆者未做更改的動作，書內有關「樂合彩」的拖牌方法與範例，仍然有其參考價值，請讀者們放心使用本書。在書中，筆者曾述及，「樂合彩」只是本書研究的次要對象而已，況且開獎單位，並未取消「樂合彩」對獎遊戲，只是將它的遊戲規則，回復原狀，將依附在過去「小樂透」的玩法，改為依附在「迷你樂透」（樂透彩）而已，並未違背筆者創作《數字易經》的原委，以及拖牌操作理論與方法，所以，筆者決定本書仍然維持原狀，不必更改。筆者為証明以上所言非虛，隨興舉出下列甲、乙兩例，用來見証《數字易經》八卦版路的拖牌功力。

甲例：民國94年10月3日（週一）大樂透開獎號碼為03、15、16、25、40、48，特別號18。

乙例：民國94年10月4日（週二）迷你樂透（樂透彩）及樂合彩開獎號碼為06、12、13、19、20、28，特別號17。

「拖牌解析」：

甲例內的「１６」碼，帶出乙例內的同卦單球碼「０６」；甲例內的「２５」碼，帶出乙例內的同卦單球碼「２８」；甲例內的特別號「１８」，帶出乙例內的同卦單球碼「１２」，以及共生卦單球碼「１９」。

另外，在百號數方面，甲例內的單球碼「１５」，帶出乙例內的共生卦百號數「２３」（前碼為「１２」，後碼為「１３」）以及同卦百號數「７９」（前碼為特別號「１７」，後碼為「１９」）；甲例內的百號數「５６」（前碼為「１５」，後碼為「１６」），帶出乙例內的同卦百號數「３７」（前碼為「１３」，後碼為特別號「１７」）。

從以上甲、乙兩例中，我們可以理解到《數字易經》的八卦版路，非常準確，同時，讀者也可以領會到「拖牌」的實際操作方法，更且，筆者也可以放心地，用甲、乙兩例的綜合拖牌演練示範，來作為本書《數字易經》的結尾。

最後，作者本人在此，敬謝秀威資訊科技公司全體同仁的通力合作，以及敬業精神，同時期盼再創佳績，共同來締造整個社會的福祉；另外，筆者也感謝台南市雅得美術社居於幕後角色的打字辛勞。

【附件】

小樂透

開獎紀錄

干	支	開獎日期	星期	順球排列						特別號	百號數排列				
91年公益彩券小樂透開獎號碼表															
庚	寅	91.1.22	二	04	09	10	13	32	33	37	49	90	03	32	23
癸	巳	91.1.25	五	06	16	28	30	31	35	02	66	68	80	01	15
丁	酉	91.1.29	二	07	09	29	34	36	39	16	79	99	94	46	69
庚	子	91.2.1	五	13	25	28	29	30	39	21	35	58	89	90	09
甲	辰	91.2.5	二	01	03	11	15	17	39	34	13	31	15	57	79
丁	未	91.2.8	五	02	04	15	16	29	33	39	24	45	56	69	93
辛	亥	91.2.12	二	20	25	29	37	38	39	28	05	59	97	78	89
甲	寅	91.2.15	五	01	06	07	12	20	42	35	16	67	72	20	02
戊	午	91.2.19	二	07	12	19	20	24	36	26	72	29	90	04	46
辛	酉	91.2.22	五	02	10	15	23	30	32	36	20	05	53	30	02
乙	丑	91.2.26	二	06	20	29	35	38	40	41	60	09	95	58	80
戊	辰	91.3.1	五	12	20	30	32	35	40	34	20	00	02	25	50

壬	申	91.3.5	二	04	10	14	23	29	39	36	40	04	43	39	99
乙	亥	91.3.8	五	04	05	14	21	27	40	12	45	54	41	17	70
己	卯	91.3.12	二	08	12	16	26	34	36	05	82	26	66	64	46
壬	午	91.3.15	五	05	10	13	15	29	36	01	50	03	35	59	96
丙	戌	91.3.19	二	02	05	09	16	25	32	07	25	59	96	65	52
己	丑	91.3.22	五	06	09	21	27	31	32	02	69	91	17	71	12
癸	巳	91.3.26	二	05	18	25	26	35	42	29	58	85	56	65	52
丙	申	91.3.29	五	19	21	22	25	31	34	13	91	12	25	51	14
庚	子	91.4.2	二	13	20	26	30	32	37	04	30	06	60	02	27
癸	卯	91.4.5	五	07	10	14	17	27	37	28	70	04	47	77	77
丁	未	91.4.9	二	06	20	21	26	36	37	27	60	01	16	66	67
庚	戌	91.4.12	五	12	14	15	24	36	39	01	24	45	54	46	69
甲	寅	91.4.16	二	10	12	17	21	22	29	25	02	27	71	12	29
丁	巳	91.4.19	五	05	06	09	24	27	39	15	56	69	94	47	79
辛	酉	91.4.23	二	01	02	04	07	08	18	09	12	24	47	78	88

甲	子	91.4.26	五	15	19	22	23	33	34	20	59	92	23	33	34
戊	辰	91.4.30	二	11	23	31	33	36	37	34	13	31	13	36	67
辛	未	91.5.3	五	07	15	17	18	28	36	08	75	57	78	88	86
乙	亥	91.5.7	二	21	25	26	33	37	41	20	15	56	63	37	71
戊	寅	91.5.10	五	07	15	17	27	30	42	05	75	57	77	70	02
壬	午	91.5.14	二	02	09	18	20	27	36	04	29	98	80	07	76
乙	酉	91.5.17	五	02	14	21	23	27	32	35	24	41	13	37	72
己	丑	91.5.21	二	03	04	12	19	32	35	29	34	42	29	92	25
壬	辰	91.5.24	五	06	10	19	22	27	34	07	60	09	92	27	74
丙	申	91.5.28	二	18	19	27	34	39	41	40	89	97	74	49	91
己	亥	91.5.31	五	08	11	14	24	31	36	23	81	14	44	41	16
癸	卯	91.6.4	二	10	15	16	26	27	42	03	05	56	66	67	72
丙	午	91.6.7	五	13	18	19	28	34	38	09	38	89	98	84	48
庚	戌	91.6.11	二	13	21	23	27	29	41	17	31	13	37	79	91
癸	丑	91.6.14	五	04	11	14	15	20	41	10	41	14	45	50	01

丁	巳	91.6.18	二	09	13	30	32	35	37	28	93	30	02	25	57
庚	申	91.6.21	五	01	02	06	21	28	37	31	12	26	61	18	87
甲	子	91.6.25	二	04	08	11	26	33	39	37	48	81	16	63	39
丁	卯	91.6.28	五	04	05	12	37	39	41	27	45	52	27	79	91
辛	未	91.7.2	二	06	12	13	22	32	33	25	62	23	32	22	23
甲	戌	91.7.5	五	08	12	17	25	27	28	30	82	27	75	57	78
戊	寅	91.7.9	二	01	05	09	18	19	31	37	15	59	98	89	91
辛	巳	91.7.12	五	11	12	15	23	37	38	31	12	25	53	37	78
乙	酉	91.7.16	二	01	08	12	15	19	20	17	18	82	25	59	90
戊	子	91.7.19	五	01	02	08	20	29	40	17	12	28	80	09	90
壬	辰	91.7.23	二	05	07	18	19	26	29	33	57	78	89	96	69
乙	未	91.7.26	五	01	02	09	27	37	39	26	12	29	97	77	79
己	亥	91.7.30	二	03	08	09	17	21	42	41	38	89	97	71	12
壬	寅	91.8.2	五	16	22	26	30	33	34	03	62	26	60	03	34
丙	午	91.8.6	二	03	13	30	34	38	40	35	33	30	04	48	80

乙	酉	91.8.9	五	04	17	29	33	35	40	12	47	79	93	35	50
癸	丑	91.8.13	二	03	04	12	17	22	31	07	34	42	27	72	21
丙	辰	91.8.16	五	10	12	21	24	27	33	07	02	21	14	47	73
庚	申	91.8.20	二	12	13	17	28	31	34	27	23	37	78	81	14
癸	亥	91.8.23	五	08	20	29	35	38	42	31	80	09	95	58	82
丁	卯	91.8.27	二	04	10	15	18	24	36	01	40	05	58	84	46
庚	午	91.8.30	五	08	09	17	21	28	38	15	89	97	71	18	88
甲	戌	91.9.3	二	23	24	30	31	34	41	42	34	40	01	14	41
丁	丑	91.9.6	五	03	14	34	38	39	42	26	34	44	48	89	92
辛	巳	91.9.10	二	01	07	08	15	21	26	10	17	78	85	51	16
甲	申	91.9.13	五	07	08	14	16	20	23	13	78	84	46	60	03
戊	子	91.9.17	二	11	16	19	24	32	41	39	16	69	94	42	21
辛	卯	91.9.20	五	03	11	18	20	28	40	12	31	18	80	08	80
乙	未	91.9.24	二	15	20	22	30	31	35	14	50	02	20	01	15
戊	戌	91.9.27	五	11	17	34	40	41	42	33	17	74	40	01	12

壬	寅	91.10.1	二	02	08	17	25	26	39	13	28	87	75	56	69
乙	巳	91.10.4	五	07	22	23	28	32	40	25	72	23	38	82	20
己	酉	91.10.8	二	15	17	22	28	33	37	41	57	72	28	83	37
壬	子	91.10.11	五	02	05	23	28	37	40	29	25	53	38	87	70
丙	辰	91.10.15	二	01	06	09	14	30	38	34	16	69	94	40	08
己	未	91.10.18	五	07	19	20	29	32	35	30	79	90	09	92	25
癸	亥	91.10.22	二	07	08	15	19	34	41	33	78	85	59	94	41
丙	寅	91.10.25	五	01	10	24	34	39	41	42	10	04	44	49	91
庚	午	91.10.29	二	05	11	12	25	33	40	01	51	12	25	53	30
癸	酉	91.11.1	五	09	10	30	34	39	41	26	90	00	04	49	91
丁	丑	91.11.5	二	04	06	07	21	26	40	35	46	67	71	16	60
庚	辰	91.11.8	五	04	14	26	27	32	37	12	44	46	67	72	27
甲	申	91.11.12	二	11	13	25	31	32	41	21	13	35	51	12	21
丁	亥	91.11.15	五	09	18	21	24	38	41	32	98	81	14	48	81
辛	卯	91.11.19	二	03	31	32	33	37	40	30	31	12	23	37	70

甲	午	91.11.22	五	11	20	30	32	34	41	39	10	00	02	24	41
戊	戌	91.11.26	二	12	20	23	35	36	42	07	20	03	35	56	62
辛	丑	91.11.29	五	09	12	13	18	21	26	03	92	23	38	81	16
乙	巳	91.12.3	二	07	19	20	33	39	40	05	79	90	03	39	90
戊	申	91.12.6	五	04	19	27	33	34	41	11	49	97	73	34	41
壬	子	91.12.10	二	01	10	18	25	41	42	11	10	08	85	51	12
乙	卯	91.12.13	五	01	04	11	13	18	39	10	14	41	13	38	89
己	未	91.12.17	二	08	13	21	28	30	35	27	83	31	18	80	05
壬	戌	91.12.20	五	10	11	13	14	16	40	32	01	13	34	46	60
丙	寅	91.12.24	二	10	20	24	30	37	39	19	00	04	40	07	79
己	巳	91.12.27	五	11	18	22	23	25	41	31	18	82	23	35	51
癸	酉	91.12.31	二	11	14	24	26	30	39	41	14	44	46	60	09

92年公益彩券小樂透開獎號碼表																
干	支	開獎日期	星期	順球排列						特別號	百號數排列				
丙	子	92.1.3	五	11	14	20	36	39	42	23	14	40	06	69	92
庚	辰	92.1.7	二	06	10	12	13	14	35	27	60	02	23	34	45
癸	未	92.1.10	五	09	13	15	35	37	39	10	93	35	55	57	79
丁	亥	92.1.14	二	10	14	17	20	31	41	39	04	47	70	01	11
庚	寅	92.1.17	五	02	03	18	28	36	41	23	23	38	88	86	61
甲	午	92.1.21	二	06	19	21	28	31	39	04	69	91	18	81	19
丁	酉	92.1.24	五	03	05	09	10	13	24	07	35	59	90	03	34
辛	丑	92.1.28	二	13	15	16	21	27	38	39	35	56	61	17	78
甲	辰	92.1.31	五	07	12	15	31	33	41	27	72	25	51	13	31
戊	申	92.2.4	二	04	15	21	28	33	35	31	45	51	18	83	35
辛	亥	92.2.7	五	03	16	17	29	34	37	33	36	67	79	94	47
乙	卯	92.2.11	二	02	05	21	25	34	42	03	25	51	15	54	42

戊	午	92.2.14	五	24	27	32	33	37	38	13	47	72	23	37	78
壬	戌	92.2.18	二	02	05	07	09	28	35	19	25	57	79	98	85
乙	丑	92.2.21	五	01	05	18	25	30	32	21	15	58	85	50	02
己	巳	92.2.25	二	21	28	30	33	35	42	37	18	80	03	35	52
壬	申	92.2.28	五	15	20	22	36	38	40	32	50	02	26	68	80
丙	子	92.3.4	二	11	18	20	21	38	40	22	18	80	01	18	80
己	卯	92.3.7	五	03	15	19	23	27	31	17	35	59	93	37	71
癸	未	92.3.11	二	07	25	32	34	37	39	20	75	52	24	47	79
丙	戌	92.3.14	五	01	13	14	21	28	42	19	13	34	41	18	82
庚	寅	92.3.18	二	03	07	12	21	34	42	38	37	72	21	14	42
癸	巳	92.3.21	五	03	05	15	17	24	41	21	35	55	57	74	41
丁	酉	92.3.25	二	05	12	15	21	27	38	16	52	25	51	17	78
庚	子	92.3.28	五	09	27	34	37	38	40	06	97	74	47	78	80
甲	辰	92.4.1	二	04	06	23	25	26	27	02	46	63	35	56	67
丁	未	92.4.4	五	15	18	19	27	28	29	06	58	89	97	78	89

辛	亥	92.4.8	二	05	10	19	24	38	40	21	50	09	94	48	80
甲	寅	92.4.11	五	08	12	14	22	39	41	38	82	24	42	29	91
戊	午	92.4.15	二	06	08	11	16	22	29	23	68	81	16	62	29
辛	酉	92.4.18	五	04	06	23	27	29	35	11	46	63	37	79	95
乙	丑	92.4.22	二	04	05	22	24	39	42	11	45	52	24	49	92
戊	辰	92.4.25	五	02	10	16	24	26	41	14	20	06	64	46	61
壬	申	92.4.29	二	01	10	17	24	28	41	06	10	07	74	48	81
乙	亥	92.5.2	五	04	07	18	21	31	36	15	47	78	81	11	16
己	卯	92.5.6	二	04	22	24	26	27	37	18	42	24	46	67	77
壬	午	92.5.9	五	08	11	20	25	27	33	19	81	10	05	57	73
丙	戌	92.5.13	二	09	12	16	24	27	28	14	92	26	64	47	78
己	丑	92.5.16	五	01	10	16	29	33	35	20	10	06	69	93	35
癸	巳	92..5.20	二	06	10	12	23	25	35	05	60	02	23	35	55
丙	申	92.5.23	五	01	13	20	22	27	37	31	13	30	02	27	77
庚	子	92.5.27	二	02	11	16	20	28	32	10	21	16	60	08	82

癸	卯	92.5.30	五	06	13	26	33	34	39	35	63	36	63	34	49
丁	未	92.6.3	二	17	21	26	28	37	41	34	71	16	68	87	71
庚	戌	92.6.6	五	11	20	22	23	33	34	42	10	02	23	33	34
甲	寅	92..6.10	二	03	04	10	25	36	41	40	34	40	05	56	61
丁	巳	92.6.13	五	03	05	10	15	24	28	26	35	50	05	54	48
辛	酉	92.6.17	二	01	05	14	24	39	41	36	15	54	44	49	91
甲	子	92.6.20	五	09	11	12	21	37	41	27	91	12	21	17	71
戊	辰	92.6.24	二	11	14	25	26	29	34	38	14	45	56	69	94
辛	未	92.6.27	五	09	10	11	14	20	36	39	90	01	14	40	06
乙	亥	92.7.1	二	01	06	09	18	28	34	40	16	69	98	88	84
戊	寅	92.7.4	五	04	14	25	28	35	39	07	44	45	58	85	59
壬	午	92.7.8	二	04	17	23	26	27	32	07	47	73	36	67	72
乙	酉	92.7.11	五	05	17	27	32	35	40	37	57	77	72	25	50
己	丑	92.7.15	二	04	09	18	31	35	36	29	49	98	81	15	56
壬	辰	92.7.18	五	02	11	12	21	24	41	28	21	12	21	14	41

丙	申	92.7.22	二	06	10	15	28	36	37	02	60	05	58	86	67
己	亥	92.7.25	五	03	12	26	33	36	40	22	32	26	63	36	60
癸	卯	92.7.29	二	06	20	25	30	35	42	03	60	05	50	05	52
丙	午	92.8.1	五	01	09	12	16	22	25	42	19	92	26	62	25
庚	戌	92.8.5	二	02	17	22	23	30	34	09	27	72	23	30	04
癸	丑	92.8.8	五	12	15	19	35	36	40	29	25	59	95	56	60
丁	巳	92.8.12	二	02	11	15	20	24	36	32	21	15	50	04	46
庚	申	92.8.15	五	04	13	15	28	29	38	41	43	35	58	89	98
甲	子	92.8.19	二	12	19	31	36	37	39	28	29	91	16	67	79
丁	卯	92.8.22	五	13	17	21	23	33	36	29	37	71	13	33	36
辛	未	92.8.26	二	04	09	12	28	33	40	41	49	92	28	83	30
甲	戌	92.8.29	五	03	06	16	22	26	32	24	36	66	62	26	62
戊	寅	92.9.2	二	07	08	09	14	36	39	30	78	89	94	46	69
辛	巳	92.9.5	五	07	17	19	23	33	37	21	77	79	93	33	37
乙	酉	92.9.9	二	06	08	19	22	32	39	04	68	89	92	22	29

戊	子	92.9.12	五	09	11	23	24	27	32	26	91	13	34	47	72
壬	辰	92.9.16	二	04	12	19	29	33	41	30	42	29	99	93	31
乙	未	92.9.19	五	11	14	21	22	23	28	25	14	41	12	23	38
己	亥	92.9.23	二	01	03	14	22	30	40	13	13	34	42	20	00
壬	寅	92.9.26	五	14	27	33	34	36	38	30	47	73	34	46	68
丙	午	92.9.30	二	07	19	21	24	28	36	26	79	91	14	48	86
己	酉	92.10.3	五	06	10	15	17	28	32	26	60	05	57	78	82
癸	丑	92.10.7	二	03	23	24	34	37	40	05	33	34	44	47	70
丙	辰	92.10.10	五	08	15	19	21	23	31	25	85	59	91	13	31
庚	申	92.10.14	二	09	21	22	31	32	42	27	91	12	21	12	22
癸	亥	92.10.17	五	01	02	11	15	25	27	33	12	21	15	55	57
丁	卯	92.10.21	二	01	03	25	28	31	40	33	13	35	58	81	10
庚	午	92.10.24	五	02	05	18	30	31	34	39	25	58	80	01	14
甲	戌	92.10.28	二	10	24	31	33	35	39	16	04	41	13	35	59
丁	丑	92.10.31	五	05	07	22	31	32	34	14	57	72	21	12	24

辛	巳	92.11.4	二	13	15	20	22	32	35	34	35	50	02	22	25
甲	申	92.11.7	五	06	12	16	31	35	42	02	62	26	61	15	52
戊	子	92.11.11	二	02	05	12	25	33	39	41	25	52	25	53	39
辛	卯	92.11.14	五	05	28	32	34	41	42	40	58	82	24	41	12
乙	未	92.11.18	二	02	03	16	25	34	42	13	23	36	65	54	42
戊	戌	92.11.21	五	03	08	17	24	33	34	38	38	87	74	43	34
壬	寅	92.11.25	二	02	04	09	33	36	41	40	24	49	93	36	61
乙	巳	92.11.28	五	03	04	15	19	20	28	07	34	45	59	90	08
己	酉	92.12.2	二	09	16	24	29	30	40	13	96	64	49	90	00
壬	子	92.12.5	五	06	20	23	28	36	37	07	60	03	38	86	67
丙	辰	92.12.9	二	01	24	25	29	31	37	18	14	45	59	91	17
己	未	92.12.12	五	04	14	17	27	34	35	01	44	47	77	74	45
癸	亥	92.12.16	二	01	11	12	21	36	40	24	11	12	21	16	60
丙	寅	92.12.19	五	14	19	21	24	33	36	39	49	91	14	43	36
庚	午	92.12.23	二	03	08	22	28	33	41	35	38	82	28	83	31

【附件】

癸	酉	92.12.26	五	01	10	11	34	39	42	18	10	01	14	49	92
丁	丑	92.12.30	二	02	17	18	24	26	40	30	27	78	84	46	60

93年公益彩券小樂透開獎號碼表																
干	支	開獎日期	星期	順球排列						特別號	百號數排列				
庚	辰	93.1.2	五	01	02	05	22	23	40	19	12	25	52	23	30
甲	申	93.1.6	二	09	12	16	28	34	39	32	92	26	68	84	49
丁	亥	93.1.9	五	02	12	29	32	36	41	22	22	29	92	26	61
辛	卯	93.1.13	二	01	06	08	09	14	25	16	16	68	89	94	45
甲	午	93.1.16	五	05	11	24	33	39	40	26	51	14	43	39	90
戊	戌	93.1.20	二	05	19	31	33	36	38	04	59	91	13	36	68
辛	丑	93.1.23	五	08	09	18	23	24	36	25	89	98	83	34	46
乙	巳	93.1.27	二	01	06	23	31	35	37	19	16	63	31	15	57
戊	申	93.1.30	五	07	11	12	32	33	34	21	71	12	22	23	34
壬	子	93.2.3	二	09	17	23	36	37	40	03	97	73	36	67	70
乙	卯	93.2.6	五	07	09	19	20	36	37	30	79	99	90	06	67
己	未	93.2.10	二	02	08	13	26	31	38	25	28	83	36	61	18

壬	戌	93.2.13	五	01	06	10	14	18	25	13	16	60	04	48	85
丙	寅	93.2.17	二	03	05	07	12	24	32	38	35	57	72	24	42
己	巳	93.2.20	五	07	11	13	29	34	41	18	71	13	39	94	41
癸	酉	93.2.24	二	15	18	19	24	38	41	39	58	89	94	48	81
丙	子	93.2.27	五	04	11	17	26	29	33	14	41	17	76	69	93
庚	辰	93.3.2	二	12	13	30	35	37	40	15	23	30	05	57	70
癸	未	93.3.5	五	12	19	26	35	37	42	20	29	96	65	57	72
丁	亥	93.3.9	二	06	12	18	25	28	36	29	62	28	85	58	86
庚	寅	93.3.12	五	07	08	11	17	33	37	12	78	81	17	73	37
甲	午	93.3.16	二	01	04	08	18	24	40	34	14	48	88	84	40
丁	酉	93.3.19	五	01	21	23	24	34	35	22	11	13	34	44	45
辛	丑	93.3.23	二	07	11	15	30	36	41	18	71	15	50	06	61
甲	辰	93.3.26	五	23	27	28	33	39	40	04	37	78	83	39	90
戊	申	93.3.30	二	03	05	13	17	35	42	08	35	53	37	75	52
辛	亥	93.4.2	五	22	31	32	33	41	42	04	21	12	23	31	12

乙	卯	93.4.6	二	05	10	12	23	25	35	07	50	02	23	35	55
戊	午	93.4.9	五	05	15	21	29	37	41	24	55	51	19	97	71
壬	戌	93.4.13	二	03	08	18	20	22	28	40	38	88	80	02	28
乙	丑	93.4.16	五	04	09	17	29	37	40	18	49	97	79	97	70
己	巳	93.4.20	二	05	17	20	26	33	35	24	57	70	06	63	35
壬	申	93.4.23	五	07	13	14	16	20	42	11	73	34	46	60	02
丙	子	93.4.27	二	07	25	32	37	39	41	29	75	52	27	79	91
己	卯	93.4.30	五	04	08	09	34	37	42	32	48	89	94	47	72
癸	未	93.5.4	二	04	13	30	32	33	42	39	43	30	02	23	32
丙	戌	93.5.7	五	11	18	22	24	32	42	04	18	82	24	42	22
庚	寅	93.5.11	二	01	20	21	22	30	40	28	10	01	12	20	00
癸	巳	93.5.14	五	02	04	26	36	40	41	42	24	46	66	60	01
丁	酉	93.5.18	二	04	07	12	27	29	37	20	47	72	27	79	97
庚	子	93.5.21	五	01	12	14	20	26	42	34	12	24	40	06	62
甲	辰	93.5.25	二	08	10	14	17	18	21	06	80	04	47	78	81

丁	未	93.5.28	五	10	20	25	27	30	40	05	00	05	57	70	00
辛	亥	93.6.1	二	23	26	29	30	32	35	19	36	69	90	02	25
甲	寅	93.6.4	五	01	03	06	12	37	42	23	13	36	62	27	72
戊	午	93.6.8	二	03	10	14	27	31	41	01	30	04	47	71	11
辛	酉	93.6.11	五	13	18	20	38	40	41	22	38	80	08	80	01
乙	丑	93.6.15	二	02	17	30	35	39	42	36	27	70	05	59	92
戊	辰	93.6.18	五	04	09	25	26	34	35	23	49	95	56	64	45
壬	申	93.6.22	二	10	17	22	25	28	35	19	07	72	25	58	85
乙	亥	93.6.25	五	04	05	08	13	22	32	12	45	58	83	32	22
己	卯	93.6.29	二	08	18	23	30	40	41	06	88	83	30	00	01
壬	午	93.7.2	五	01	07	12	15	21	23	29	17	72	25	51	13
丙	戌	93.7.6	二	05	15	26	34	35	38	36	55	56	64	45	58
己	丑	93.7.9	五	03	04	07	11	15	32	02	34	47	71	15	52
癸	巳	93.7.13	二	07	09	10	11	22	25	02	79	90	01	12	25
丙	申	93.7.16	五	12	14	16	21	22	34	40	24	46	61	12	24

庚	子	93.7.20	二	08	13	32	34	40	42	11	83	32	24	40	02
癸	卯	93.7.23	五	03	15	26	30	35	41	14	35	56	60	05	51
丁	未	93.7.27	二	18	22	23	24	34	42	19	82	23	34	44	42
庚	戌	93.7.30	五	07	09	12	14	15	28	25	79	92	24	45	58
甲	寅	93.8.3	二	02	09	11	18	35	38	26	29	91	18	85	58
丁	巳	93.8.6	五	01	14	16	17	31	36	42	14	46	67	71	16
辛	酉	93.8.10	二	10	17	25	27	28	30	08	07	75	57	78	80
甲	子	93.8.13	五	06	09	15	23	38	42	28	69	95	53	38	82
戊	辰	93.8.17	二	05	06	17	21	33	40	34	56	67	71	13	30
辛	未	93.8.20	五	02	12	28	34	36	40	26	22	28	84	46	60
乙	亥	93.8.24	二	10	24	31	38	39	42	35	04	41	18	89	92
戊	寅	93.8.27	五	01	02	16	28	32	40	33	12	26	68	82	20
壬	午	93.8.31	二	21	26	27	32	34	40	24	16	67	72	24	40
乙	酉	93.9.3	五	02	15	31	33	34	38	24	25	51	13	34	48
己	丑	93.9.7	二	03	23	24	28	35	41	27	33	34	48	85	51

壬	辰	93.9.10	五	12	14	21	25	28	36	03	24	41	15	58	86
丙	申	93.9.14	二	08	18	22	29	33	38	41	88	82	29	93	38
己	亥	93.9.17	五	01	05	12	14	22	29	24	15	52	24	42	29
癸	卯	93.9.21	二	02	04	09	26	31	42	08	24	49	96	61	12
丙	午	93.9.24	五	04	06	19	21	22	38	39	46	69	91	12	28
庚	戌	93.9.28	二	02	12	30	35	36	37	32	22	20	05	56	67
癸	丑	93.10.1	五	01	09	17	19	37	40	30	19	97	79	97	70
丁	巳	93.10.5	二	02	03	11	19	21	27	42	23	31	19	91	17
庚	申	93.10.8	五	01	03	06	18	23	35	40	13	36	68	83	35
甲	子	93.10.12	二	02	07	12	28	30	31	36	27	72	28	80	01
丁	卯	93.10.15	五	04	09	12	16	23	28	18	49	92	26	63	38
辛	未	93.10.19	二	10	18	22	24	31	39	42	08	82	24	41	19
甲	戌	93.10.22	五	08	16	26	32	36	37	17	86	66	62	26	67
戊	寅	93.10.26	二	06	07	16	21	34	42	14	67	76	61	14	42
辛	巳	93.10.29	五	11	14	20	33	35	38	09	14	40	03	35	58

乙	酉	93.11.2	二	02	16	23	26	33	34	29	26	63	36	63	34
戊	子	93.11.5	五	10	11	19	22	30	42	14	01	19	92	20	02
壬	辰	93.11.9	二	11	13	26	30	37	39	31	13	36	60	07	79
乙	未	93.11.12	五	05	13	18	24	25	28	07	53	38	84	45	58
己	亥	93.11.16	二	02	06	11	19	37	42	14	26	61	19	97	72
壬	寅	93.11.19	五	01	08	22	24	28	29	40	18	82	24	48	89
丙	午	93.11.23	二	12	14	16	23	27	36	30	24	46	63	37	76
己	酉	93.11.26	五	05	19	31	35	36	39	07	59	91	15	56	69
癸	丑	93.11.30	二	06	08	12	20	30	31	26	68	82	20	00	01
,丙	辰	93.12.3	五	14	27	29	32	38	40	01	47	79	92	28	80
庚	申	93.12.7	二	07	08	24	27	30	40	12	78	84	47	70	00
癸	亥	93.12.10	五	03	19	24	30	40	41	05	39	94	40	00	01
丁	卯	93.12.14	二	09	12	13	17	18	28	41	92	23	37	78	88
庚	午	93.12.17	五	10	22	30	36	38	39	02	02	20	06	68	89
甲	戌	93.12.21	二	03	07	11	21	25	36	27	37	71	11	15	56

【附件】

丁	丑	93.12.24	五	02	08	30	32	40	42	19	28	80	02	20	02
辛	巳	93.12.28	二	11	19	26	32	35	39	29	19	96	62	25	59
甲	申	93.12.31	五	08	13	21	22	25	40	09	83	31	12	25	50

94年公益彩券小樂透開獎號碼表																
干	支	開獎日期	星期	順球排列						特別號	百號數排列				
戊	子	94.1.4	二	06	11	12	21	37	39	30	61	12	21	17	79
辛	卯	94.1.7	五	03	04	11	18	28	32	12	34	41	18	88	82
乙	未	94.1.11	二	03	16	24	33	38	41	07	36	64	43	38	81
戊	戌	94.1.14	五	16	18	19	34	35	37	30	68	89	94	45	57
壬	寅	94.1.18	二	02	07	08	15	25	28	40	27	78	85	55	58
乙	巳	94.1.21	五	05	07	12	13	26	35	15	57	72	23	36	65
小樂透到此終止開獎															

大樂透

開獎紀錄

93年公益彩券大樂透開獎號碼表																
干	支	開獎日期	星期	順球排列						特別號	百號數排列				
癸	未	93.1.5	一	06	09	12	13	33	39	21	69	92	23	33	39
丙	戌	93.1.8	四	16	21	27	30	31	47	35	61	17	70	01	17
庚	寅	93.1.12	一	02	04	25	26	34	43	41	24	45	56	64	43
癸	巳	93.1.15	四	18	19	28	29	30	34	12	89	98	89	90	04
丁	酉	93.1.19	一	14	15	20	29	32	39	43	45	50	09	92	29
庚	子	93.1.22	四	13	28	29	32	33	34	43	38	89	92	23	34
甲	辰	93.1.26	一	02	06	13	34	40	44	14	26	63	34	40	04
丁	未	93.1.29	四	22	29	34	36	44	46	37	29	94	46	64	46
辛	亥	93.2.2	一	04	06	11	22	42	48	23	46	61	12	22	28
甲	寅	93.2.5	四	17	22	26	29	37	43	31	72	26	69	97	73
戊	午	93.2.9	一	14	17	20	25	43	48	15	47	70	05	53	38
辛	酉	93.2.12	四	01	02	26	31	39	40	38	12	26	61	19	90

乙	丑	93.2.16	一	07	13	18	19	25	37	14	73	38	89	95	57
戊	辰	93.2.19	四	04	21	25	32	37	43	02	41	15	52	27	73
壬	申	93.2.23	一	03	06	17	23	28	32	45	36	67	73	38	82
乙	亥	93.2.26	四	08	12	23	24	45	46	36	82	23	34	45	56
己	卯	93.3.1	一	01	11	17	25	41	45	32	11	17	75	51	15
壬	午	93.3.4	四	12	15	22	23	41	48	17	25	52	23	31	18
丙	戌	93.3.8	一	08	12	17	18	19	34	37	82	27	78	89	94
己	丑	93.3.11	四	08	14	21	22	30	31	48	84	41	12	20	01
癸	巳	93.3.15	一	01	02	07	26	38	43	04	12	27	76	68	83
丙	申	93.3.18	四	06	16	20	25	33	46	12	66	60	05	53	36
庚	子	93.3.22	一	02	12	14	30	41	46	29	22	24	40	01	16
癸	卯	93.3.25	四	11	17	21	36	43	49	05	17	71	16	63	39
丁	未	93.3.29	一	11	13	15	21	35	38	37	13	35	51	15	58
庚	戌	93.4.1	四	03	07	42	45	46	49	08	37	72	25	56	69
甲	寅	93.4.5	一	16	24	25	26	39	44	30	64	45	56	69	94

丁	巳	93.4.8	四	05	14	26	38	41	43	04	54	46	68	81	13
辛	酉	93.4.12	一	24	25	26	30	36	48	45	45	56	60	06	68
甲	子	93.4.15	四	13	14	20	30	37	45	01	34	40	00	07	75
戊	辰	93.4.19	一	13	17	19	26	39	45	11	37	79	96	69	95
辛	未	93.4.22	四	03	11	19	20	22	28	13	31	19	90	02	28
乙	亥	93.4.26	一	22	25	29	31	34	46	49	25	59	91	14	46
戊	寅	93.4.29	四	01	10	13	33	34	46	07	10	03	33	34	46
壬	午	93.5.3	一	03	09	13	28	40	48	39	39	93	38	80	08
乙	酉	95.5.6	四	06	27	40	44	45	47	11	67	70	04	45	57
己	丑	93.5.10	一	03	04	10	23	25	26	33	34	40	03	35	56
壬	辰	93.5.13	四	04	10	11	14	32	36	09	40	01	14	42	26
丙	申	93.5.17	一	02	04	18	20	32	49	30	24	48	80	02	29
己	亥	93.5.20	四	06	28	30	34	43	46	09	68	80	04	43	36
癸	卯	93.5.24	一	01	16	17	30	36	49	44	16	67	70	06	69
丙	午	93.5.27	四	06	22	27	34	42	44	36	62	27	74	42	24

庚	戌	93.5.31	一	01	17	30	31	32	45	33	17	70	01	12	25
癸	丑	93.6.3	四	01	04	31	32	34	35	33	14	41	12	24	45
丁	巳	93.6.7	一	06	15	25	37	41	49	03	65	55	57	71	19
庚	申	93.6.10	四	02	10	16	22	30	33	41	20	06	62	20	03
甲	子	93.6.14	一	05	12	41	43	45	46	33	52	21	13	35	56
丁	卯	93.6.17	四	05	11	30	34	44	48	40	51	10	04	44	48
辛	未	93.6.21	一	06	09	11	17	22	36	44	69	91	17	72	26
甲	戌	93.6.24	四	11	17	29	36	44	49	33	17	79	96	64	49
戊	寅	93.6.28	一	12	17	19	22	27	42	48	27	79	92	27	72
辛	巳	93.7.1	四	06	10	11	16	29	44	37	60	01	16	69	94
乙	酉	93.7.5	一	07	19	27	31	42	46	39	79	97	71	12	26
戊	子	93.7.8	四	04	05	07	13	24	30	49	45	57	73	34	40
壬	辰	93.7.12	一	03	04	08	25	36	42	32	34	48	85	56	62
乙	未	93.7.15	四	02	05	32	38	42	49	44	25	52	28	82	29
己	亥	93.7.19	一	02	03	07	26	30	49	06	23	37	76	60	09

壬	寅	93.7.22	四	11	15	24	27	37	46	01	15	54	47	77	76
丙	午	93.7.26	一	01	15	28	38	41	42	24	15	58	88	81	12
己	酉	93.7.29	四	20	31	33	40	42	46	30	01	13	30	02	26
癸	丑	93..8.2	一	03	11	19	21	40	42	14	31	19	91	10	02
丙	辰	93.8.5	四	13	14	21	24	27	30	20	34	41	14	47	70
庚	申	93.8.9	一	05	17	19	26	28	43	25	57	79	96	68	83
癸	亥	93.8.12	四	11	16	27	33	34	40	07	16	67	73	34	40
丁	卯	93.8.16	一	05	06	11	16	19	42	10	56	61	16	69	92
庚	午	93.8.19	四	10	22	31	32	41	48	24	02	21	12	21	18
甲	戌	93.8.23	一	13	29	31	38	45	46	43	39	91	18	85	56
丁	丑	93.8.26	四	14	31	34	37	42	48	29	41	14	47	72	28
辛	巳	93.8.30	一	04	22	28	29	44	47	32	42	28	89	94	47
甲	申	93.9.2	四	09	16	18	32	41	47	46	96	68	82	21	17
戊	子	93.9.6	一	12	25	26	31	36	42	29	25	56	61	16	62
辛	卯	93.9.9	四	07	13	14	20	21	49	34	73	34	40	01	19

乙	未	93.9.13	一	08	10	11	21	23	44	42	80	01	11	13	34
戊	戌	93.9.16	四	07	19	26	37	38	46	29	79	96	67	78	86
壬	寅	93.9.20	一	05	06	08	09	10	43	13	56	68	89	90	03
乙	巳	93.9.23	四	01	15	16	33	35	48	10	15	56	63	35	58
己	酉	93.9.27	一	26	27	40	41	42	43	28	67	70	01	12	23
壬	子	93.9.30	四	07	13	15	20	22	47	19	73	35	50	02	27
丙	辰	93.10.4	一	12	15	21	23	25	35	24	25	51	13	35	55
己	未	93.10.7	四	03	06	19	22	31	32	05	36	69	92	21	12
癸	亥	93.10.11	一	01	07	10	32	42	45	26	17	70	02	22	25
丙	寅	93.10.14	四	04	23	36	39	45	47	25	43	36	69	95	57
庚	午	93.10.18	一	10	21	23	25	38	42	33	01	13	35	58	82
癸	酉	93.10.21	四	03	10	20	21	24	48	26	30	00	01	14	48
丁	丑	93.10.25	一	06	13	30	34	38	44	48	63	30	04	48	84
庚	辰	93.10.28	四	10	12	13	24	31	40	47	02	23	34	41	10
甲	申	93.11.1	一	01	10	25	28	38	49	23	10	05	58	88	89

丁	亥	93.11.4	四	23	26	31	33	36	38	21	36	61	13	36	68
辛	卯	93.11.8	一	12	24	25	27	34	36	39	24	45	57	74	46
甲	午	93.11.11	四	09	12	17	28	40	43	13	92	27	78	80	03
戊	戌	93.11.15	一	08	11	14	17	23	33	30	81	14	47	73	33
辛	丑	93.11.18	四	07	11	20	38	39	45	30	71	10	08	89	95
乙	巳	93.11.22	一	02	14	27	28	44	49	30	24	47	78	84	49
戊	申	93.11.25	四	03	04	09	10	27	31	26	34	49	90	07	71
壬	子	93.11.29	一	04	12	23	30	35	48	46	42	23	30	05	58
乙	卯	93.12.2	四	05	16	23	28	38	47	49	56	63	38	88	87
己	未	93.12.6	一	02	08	11	12	26	35	47	28	81	12	26	65
壬	戌	93.12.9	四	16	28	35	44	46	48	26	68	85	54	46	68
丙	寅	93.12.13	一	05	15	24	37	38	39	09	55	54	47	78	89
己	巳	93.12.16	四	02	12	18	22	34	36	08	22	28	82	24	46
癸	酉	93.12.20	一	03	04	13	26	39	42	18	34	43	36	69	92
丙	子	93.12.23	四	03	05	18	23	40	45	41	35	58	83	30	05

【附件】

癸	辰	93.12.27	一	01	08	16	22	24	30	14	18	86	62	24	40
癸	未	93.12.30	四	03	18	33	34	43	49	02	38	83	34	43	39

94年公益彩券大樂透開獎號碼表

干	支	開獎日期	星期	順球排列						特別號	百號數排列				
丁	亥	94.1.3	一	05	10	27	37	39	46	08	50	07	77	79	96
庚	寅	94.1.6	四	06	23	39	45	46	47	18	63	39	95	56	67
甲	午	94.1.10	一	01	03	14	17	36	49	10	13	34	47	76	69
丁	酉	94.1.13	四	01	02	15	21	31	35	33	12	25	51	11	15
辛	丑	94.1.17	一	07	14	16	38	45	49	25	74	46	68	85	59
甲	辰	94.1.20	四	01	23	26	27	33	41	18	13	36	67	73	31
戊	申	94.1.24	一	14	17	30	31	36	47	28	47	70	01	16	67
辛	亥	94.1.27	四	03	25	39	44	45	48	13	35	59	94	45	58
乙	卯	94.1.31	一	02	17	31	35	37	46	03	27	71	15	57	76
戊	午	94.2.3	四	07	08	19	30	43	48	49	78	89	90	03	38
壬	戌	94.2.7	一	11	31	41	44	47	49	25	11	11	14	47	79
乙	丑	94.2.10	四	19	26	28	33	38	46	48	96	68	83	38	86

己	巳	94.2.14	一	05	07	24	26	30	47	36	57	74	46	60	07
壬	申	94.2.17	四	12	14	21	23	25	30	03	24	41	13	35	50
丙	子	94.2.21	一	06	11	21	22	35	41	27	61	11	12	25	51
己	卯	94.2.24	四	02	04	36	41	42	48	34	24	46	61	12	28
癸	未	94.2.28	一	14	21	25	27	43	47	05	41	15	57	73	37
丙	戌	94.3.3	四	25	28	31	32	34	36	43	58	81	12	24	46
庚	寅	94.3.7	一	01	06	16	34	36	40	38	16	66	64	46	60
癸	巳	94.3.10	四	01	03	16	31	42	48	23	13	36	61	12	28
丁	酉	94.3.14	一	05	12	19	21	33	42	09	52	29	91	13	32
庚	子	94.3.17	四	07	10	12	22	30	34	08	70	02	22	20	04
甲	辰	94.3.21	一	02	05	06	19	38	45	01	25	56	69	98	85
丁	未	94.3.24	四	07	10	23	44	45	47	38	70	03	34	45	57
辛	亥	94.3.28	一	01	02	09	25	28	44	42	12	29	95	58	84
甲	寅	94.3.31	四	20	22	28	38	41	47	25	02	28	88	81	17
戊	午	94.4.4	一	05	15	28	29	33	40	26	55	58	89	93	30

辛	酉	94.4.7	四	05	15	23	29	31	44	17	55	53	39	91	14
乙	丑	94.4.11	一	02	06	09	24	27	45	49	26	69	94	47	75
戊	辰	94.4.14	四	18	20	25	36	48	49	21	80	05	56	68	89
壬	申	94.4.18	一	11	20	30	41	45	49	36	10	00	01	15	59
乙	亥	94.4.21	四	04	05	22	33	36	43	26	45	52	23	36	63
己	卯	94.4.25	一	01	16	25	34	36	38	41	16	65	54	46	68
壬	午	94.4.28	四	04	05	15	20	29	39	34	45	55	50	09	99
丙	戌	94.5.2	一	01	03	29	35	43	47	40	13	39	95	53	37
己	丑	94.5.5	四	05	14	18	34	44	47	10	54	48	84	44	47
癸	巳	94.5.9	一	01	02	07	09	16	29	15	12	27	79	96	69
丙	申	94.5.12	四	15	28	29	31	32	47	18	58	89	91	12	27
庚	子	94.5.16	一	01	06	11	37	41	44	04	16	61	17	71	14

【附件】

迷你樂透

開獎紀錄

94年公益彩券迷你樂透開獎號碼表

干	支	開獎日期	星期	順球排列						特別號	百號數排列				
己	酉	94.1.25	二	01	03	06	14	24	33	37	13	36	64	44	43
壬	子	94.1.28	五	05	08	12	16	21	38	09	58	82	26	61	18
丙	辰	94.2.1	二	01	02	12	14	34	37	13	12	22	24	44	47
己	未	94.2.4	五	02	07	09	11	16	24	20	27	79	91	16	64
癸	亥	94.2.8	二	06	09	14	29	34	38	28	69	94	49	94	48
丙	寅	94.2.11	五	01	15	21	23	29	31	32	15	51	13	39	91
庚	午	94.2.15	二	01	02	21	22	25	37	14	12	21	12	25	57
癸	酉	94.2.18	五	03	11	14	16	17	25	31	31	14	46	67	75
丁	丑	94.2.22	二	08	25	27	32	33	35	36	85	57	72	23	35
庚	辰	94.2.25	五	02	15	26	29	31	37	13	25	56	69	91	17
甲	申	94.3.1	二	09	12	17	23	28	38	02	92	27	73	38	88
丁	亥	94.3.4	五	11	17	30	32	34	36	20	17	70	02	24	46

辛	卯	94.3.8	二	01	10	13	20	31	35	37	10	03	30	01	15
甲	午	94.3.11	五	04	11	17	20	23	34	29	41	17	70	03	34
戊	戌	94.3.15	二	04	06	13	29	32	37	33	46	63	39	92	27
辛	丑	94.3.18	五	03	12	13	17	18	21	35	32	23	37	78	81
乙	巳	94.3.22	二	06	14	19	31	33	34	02	64	49	91	13	34
戊	申	94.3.25	五	03	16	25	27	29	35	23	36	65	57	79	95
壬	子	94.3.29	二	13	22	23	25	34	37	16	32	23	35	54	47
乙	卯	94.4.1	五	03	07	09	12	29	32	38	37	79	92	29	92
己	未	94.4.5	二	08	16	25	28	36	37	03	86	65	58	86	67
壬	戌	94.4.8	五	01	04	08	13	25	34	19	14	48	83	35	54
丙	寅	94.4.12	二	02	03	08	10	13	29	11	23	38	80	03	39
己	巳	94.4.15	五	10	15	24	27	32	36	30	05	54	47	72	26
癸	酉	94.4.19	二	03	09	17	19	28	30	29	39	97	79	98	80
丙	子	94.4.22	五	01	11	19	29	30	32	04	11	19	99	90	02
庚	辰	94.4.26	二	02	21	26	31	36	38	23	21	16	61	16	68

癸	未	94.4.29	五	03	20	23	31	36	37	17	30	03	31	16	67
丁	亥	94.5.3	二	05	10	24	35	37	38	16	50	04	45	57	78
庚	寅	94.5.6	五	08	15	19	23	27	37	33	85	59	93	37	77
甲	午	94.5.10	二	04	13	15	24	33	35	26	43	35	54	43	35
丁	酉	94.5.13	五	07	20	21	23	25	34	10	70	01	13	35	54
辛	丑	94.5.17	二	01	05	08	09	26	29	22	15	58	89	96	69

【附件】

樂合彩

開獎紀錄

94年公益彩券樂合彩開獎號碼表																
干	支	開獎日期	星期	順球排列						特別號	百號數排列				
己	酉	94.1.25	二	04	20	21	34	38	41	無	40	01	14	48	81
壬	子	94.1.28	五	11	14	15	25	37	40		14	45	55	57	70
丙	辰	94.2.1	二	03	13	18	31	35	42		33	38	81	15	52
己	未	94.2.4	五	16	19	26	28	30	39		69	96	68	80	09
癸	亥	94.2.8	二	02	11	21	23	24	36		21	11	13	34	46
丙	寅	94.2.11	五	01	06	22	23	31	41		16	62	23	31	11
庚	午	94.2.15	二	01	08	29	34	38	41		18	89	94	48	81
癸	酉	94.2.18	五	05	08	13	30	32	40		58	83	30	02	20
丁	丑	94.2.22	二	03	08	15	22	26	37		38	85	52	26	67
庚	辰	94.2.25	五	02	08	16	34	36	39		28	86	64	46	69
甲	申	94.3.1	二	01	03	20	27	29	39		13	30	07	79	99
丁	亥	94.3.4	五	03	05	26	29	31	34		35	56	69	91	14

辛	卯	94.3.8	二	17	18	19	25	29	36	無	78	89	95	59	96
甲	午	94.3.11	五	15	16	17	24	37	42		56	67	74	47	72
戊	戌	94.3.15	二	06	10	18	26	29	37		60	08	86	69	97
辛	丑	94.3.18	五	01	03	16	19	27	36		13	36	69	97	76
乙	巳	94.3.22	二	03	13	16	30	34	41		33	36	60	04	41
戊	申	94.3.25	五	09	14	20	26	32	41		94	40	06	62	21
壬	子	94.3.29	二	04	06	26	30	35	37		46	66	60	05	57
乙	卯	94.4.1	五	06	08	12	16	20	28		68	82	26	60	08
己	未	94.4.5	二	01	14	16	21	28	39		14	46	61	18	89
壬	戌	94.4.8	五	01	06	20	22	25	31		16	60	02	25	51
丙	寅	94.4.12	二	02	06	25	33	39	42		26	65	53	39	92
己	巳	94.4.15	五	04	10	16	27	30	32		40	06	67	70	02
癸	酉	94.4.19	二	02	20	34	36	38	40		20	04	46	68	80
丙	子	94.4.22	五	04	11	12	17	21	34		41	12	27	71	14
庚	辰	94.4.26	二	03	05	19	20	29	33		35	59	90	09	93

癸	未	94.4.29	五	07	21	27	29	31	33	無	71	17	79	91	13
丁	亥	94.5.3	二	02	08	17	18	29	38		28	87	78	89	98
庚	寅	94.5.6	五	01	04	10	13	29	30		14	40	03	39	90
甲	午	94.5.10	二	01	02	03	27	33	38		12	23	37	73	38
丁	酉	94.5.13	五	08	14	19	27	30	37		84	49	97	70	07
辛	丑	94.5.17	二	03	12	19	20	40	42		32	29	90	00	02

社會科學類　PF0009

數字易經

作　　者／鄧保夫
執行編輯／李坤城
圖文排版／劉逸倩
封面設計／莊芯媚
數位轉譯／徐真玉　沈裕閔
圖書銷售／林怡君
網路服務／徐國晉

發 行 人／宋政坤
法律顧問／毛國樑　律師
出版發行／秀威資訊科技股份有限公司
114台北市內湖區瑞光路76巷65號1樓
電話：+886-2-2796-3638　傳真：+886-2-2796-1377
http://www.showwe.com.tw
劃撥帳號／19563868　戶名：秀威資訊科技股份有限公司
讀者服務信箱：service@showwe.com.tw
展售門市／國家書店（松江門市）
104台北市中山區松江路209號1樓
電話：+886-2-2518-0207　傳真：+886-2-2518-0778
網路訂購／秀威網路書店：http://www.bodbooks.com.tw
國家網路書店：http://www.govbooks.com.tw

2006年7月　BOD再刷
定價：280元

國家圖書館出版品預行編目

數字易經：樂透寶典 / 鄧保夫編著. -- 一版. --
臺北市：秀威資訊科技, 2005[民94]
面；　公分. -- (社會科學類；PF0009)
ISBN 978-986-7263-73-5(平裝)

1. 易占

292.1　　　　　　　　　　　　94018352

讀者回函卡

感謝您購買本書，為提升服務品質，請填妥以下資料，將讀者回函卡直接寄回或傳真本公司，收到您的寶貴意見後，我們會收藏記錄及檢討，謝謝！如您需要了解本公司最新出版書目、購書優惠或企劃活動，歡迎您上網查詢或下載相關資料：http:// www.showwe.com.tw

您購買的書名：＿＿＿＿＿＿＿＿＿＿＿＿＿＿＿＿＿＿＿＿

出生日期：＿＿＿＿年＿＿＿＿月＿＿＿＿日

學歷：□高中（含）以下　□大專　□研究所（含）以上

職業：□製造業　□金融業　□資訊業　□軍警　□傳播業　□自由業

□服務業　□公務員　□教職　□學生　□家管　□其它＿＿＿

購書地點：□網路書店　□實體書店　□書展　□郵購　□贈閱　□其他

您從何得知本書的消息？

□網路書店　□實體書店　□網路搜尋　□電子報　□書訊　□雜誌

□傳播媒體　□親友推薦　□網站推薦　□部落格　□其他＿＿＿＿

您對本書的評價：（請填代號　1.非常滿意　2.滿意　3.尚可　4.再改進）

封面設計＿＿　版面編排＿＿　內容＿＿　文／譯筆＿＿　價格＿＿

讀完書後您覺得：

□很有收穫　□有收穫　□收穫不多　□沒收穫

對我們的建議：＿＿＿＿＿＿＿＿＿＿＿＿＿＿＿＿＿＿＿＿

＿＿＿＿＿＿＿＿＿＿＿＿＿＿＿＿＿＿＿＿＿＿＿＿

＿＿＿＿＿＿＿＿＿＿＿＿＿＿＿＿＿＿＿＿＿＿＿＿

＿＿＿＿＿＿＿＿＿＿＿＿＿＿＿＿＿＿＿＿＿＿＿＿

請貼
郵票

11466
台北市內湖區瑞光路 76 巷 65 號 1 樓
秀威資訊科技股份有限公司 收
BOD 數位出版事業部

（請沿線對折寄回，謝謝！）

姓　　名：________　年齡：____　性別：□女　□男

郵遞區號：□□□□□

地　　址：________________

聯絡電話：(日) ________ (夜) ________

E-mail：________________